传统数术名家精粹

图注地理四弹子

【一叶知秋、一针见血、胸罗千载、面转乾坤】

(清)张九仪◎著
杨金国◎点校
刘保同◎主编

内蒙古人民出版社

清代风水名家张九仪的代表之作

阐发天星风水拨砂及辅星水法要诀，带人走进一个全新的风水体系

(明)沐英祖地

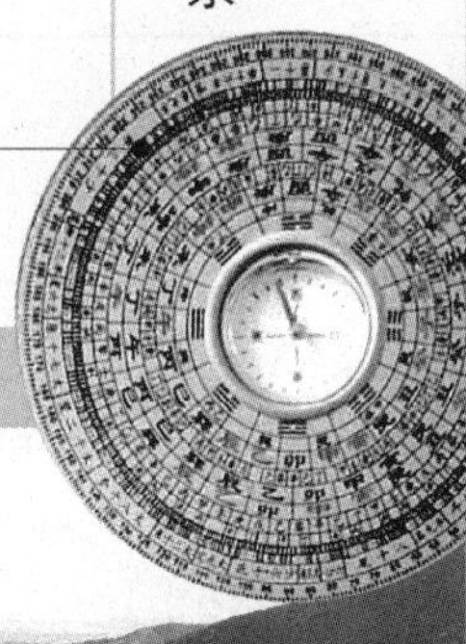
罗盘
经天纬地的罗盘是堪舆风水的必备工具

最标准的皇陵风水图，此地为明十三陵群中风水最好的泰陵行龙降脉入首结穴全景图。左青龙，右白虎，前朱雀，后玄武，四相分明，穴形天然，向法自然，天人合一的理念在此得到完美的诠释。

风水

汇集中国万代大师、风水典籍的实用风水精华

图书在版编目(CIP)数据

地理四弹子/(清)张九仪著. -呼和浩特:内蒙古人民出版社, 2010. 5(2023. 9 重印)

(传统数术名家精粹/刘保同主编)

ISBN 978-7-204-10502-1

Ⅰ. ①地… Ⅱ. ①张… Ⅲ. ①风水-中国-清代 Ⅳ. ①B992. 4

中国版本图书馆 CIP 数据核字(2010)第 090334 号

传统数术名家精粹

地理四弹子

(清)张九仪 著

责任编辑 王继雄
封面设计 宋双成
出版发行 内蒙古人民出版社
地　　址 呼和浩特市中山东路 8 号波士名人国际 B 座 5 层
印　　刷 呼和浩特市圣堂彩印有限责任公司
开　　本 710×1000 1/16
印　　张 16
字　　数 220 千字
版　　次 2010 年 12 月第 1 版
印　　次 2023 年 9 月第 5 次印刷
书　　号 ISBN 978-7-204-10502-1
定　　价 29. 80 元

如出现印装质量问题,请与我社联系。
联系电话:(0471)3946120 3946173

地理四弹子叙

自太极分而地形现已，自地形现而八卦画已，亦自八卦画而地理明已。当太极之时，一浑沦境界尔，迨天地定位而日月运行，然后高卑上下举目可见，此地形所由现也。时人皆朴陋未识文字，惟伏羲氏聪明天亶，仰观俯察，见其轻清为阳则画乾，见其重浊为阴则画坤，见夫日升而月恒也则画离与坎，见夫雷动而风鼓也则画震与巽，见夫山高而水深也则画艮与兑。因其有如是形遂画如是卦，固日用之实事非纸上之虚言也。八卦既画则凡有一形者即有一理，如山从南至遂知其为离山，自北来遂知其为坎山，自东来遂知其为震山。山川之变态不一总括于八卦之中，而地理之旨遂彰明于天下。然上古之时，贵而神圣贱而颛蒙，咸以此为行习之常，自奏烟肆烈圣教难明，地理一事，乃立专门，而管郭遂大阐宗风已。嗣后圣圣相传，贤贤遽述，有一时而数圣并集者，有数百年而一圣间生者，大抵见知闻知亦与精一之统相似，故丘杨二曾以及陈吴廖赖朱蔡二刘，无非理宗河洛，法用挨星，虽地有大小之不同，而吉凶祸福皆灼知而预见。

当今之世，群言淆乱，正义无闻，余之究心者数年，遍阅坊刻，自以为道在是已。幸于乙巳秋淳邑又承方先师来郡岁试，一日于更阑时指月而谈纳甲之义，以为非言可说，实形可观，予从谛窃听，闻所未闻，方悟从前皆虚浮学问，乃执弟子礼而叩宗旨焉。问难之下，幸先生不吝至教，且拍掌大喜日：“吾今而有传人已。”于是将河洛之渊源，挨星之真诀，一一详诏余知，余遂录以成书，名为《正义》。外又作《砂水要诀》二篇，而以亲阅仙迹控制山川之妙谛，逐节而注证之，其为闻知耶，其为见知耶，俱不敢任客岁拟应部檄效忠。王家殊邑尊因军务冗繁，未暇详送，爰驾武林游览胜地，海昌陈子奇老与舅氏马闲翁知交，固馆余于黄绮堂中，两人相契，堪云倾盖如故，因谈及范文正公良相良医之语，乃慨然曰："相良医救人者也，而此道之救人更能救乎！"救人之人，爰以刘青田所传《三弹子》，世有传本而未广者，刊以公世，其《玉弹子》未注，余不揣疏鄙而补之，且悲庸术误人，先以《正义》一书妄附于末，以为《四弹子》即诸友中有屡言轻泄宜忌者。子奇辄应日："上帝好生如此，救人之好生之心相合，今公之于世，而使误人者皆知所以救人，见忠良辈出，户口殷繁，家给人足，烟火万里之盛。后见于今则此一书可当良相，体国经野之谟。"

又旨

康熙十四年岁次乙卯季春望后五日富春张凤藻（九仪）甫题于武林之黄绮堂中

目 录

金弹子地理元珠经

元　太师辽阳　耶律楚材　传
明　太师青田　刘基（伯温）先生　注
清　后学富春张九仪　增注

峦头心法

寻龙、宗祖、问峰峦

言地理者，或说，看地以龙为主，穴次之，而砂、水又次之。毕竟不知龙为何物？皆说：山是龙，土即是穴。古人云：以山为龙，以土为穴者，非也。盖龙虽不离乎山，然山无变化则谓之荒山，不可以龙言。穴虽不外乎土，然土无穴情，则谓之死土，不可以穴言。故言龙者，必当寻其有变有化、有势有形、有峰有峦之山，斯可以言龙，否则说山也。凡言穴者，必当求其有脉有情、有聚有会、有气有受之处，斯可以言穴，否则只能说是土也。

宗者，小分受也。祖者，大分受也。然必先有祖，而后有宗，此言先宗而后祖者，何也？祖者，族众之大父母也，远而疏。宗者，一家之己父母，近而亲也。古人说："千里来龙，但看到头一节。”又说：“来而无受不成地，有受无来定有来。”此言宗所当紧，而祖所当缓；言有宗必有祖，若有祖无宗，止成虚伪，如人之德行不端，而致绝没者有之。

秀丽者为峰，厚重者为峦，峰主贵显，峦言富盛。龙则说寻，峰峦而说问，盖峰峦亦行龙立穴中之一端，此但言祖宗分受之处，则可以论峰峦，若夫流行度越，则不必论。若步步论之，则太拘泥矣。

有星体为变，有龙神为化，其来如奔者为势，脱粗而入嫩者为形，所以说：“势来形止，是谓全气。”古人以五气征吉者甚有理，致降势有正气，行度有运气，过峡有束气，入首有化气，作穴有生气，此真地理家之绳尺也。

若夫祖宗者，以上文所云，或有祖无宗，或有宗无祖之地，学者则当弃而不视。若龙无大尽，则非所论，到此则当审其形势；或有势无形，或有形无势，皆不足观。误扦，多主亡。若有正星正体，而有立穴之处，亦不可弃，亦有富贵穴。

夫有势无形者，《灵源经》说：“寻得干龙行大尽，形势不经无化生。老椿之下若安穴，死绝逃亡事不明。”有形无势者，《疑龙经》说：“君如寻得干龙穷，两水相交穴受风。风吹水劫却非穴，君若到此是疑龙。”

若夫祖宗分受之处，开星体者，名为“盖座”。然“盖座”有真假；端正尊严则为真，欹斜偏侧则为假。偏高偏低为鬼。峦头破碎崩崖为“棕榈”。降多痕迹，山不合崩洪者，是名“空中楼阁”。行度虽佳，亦不作地。木星为“华盖”，土星为“冠盖”，金星为“宝盖”，乱火为“莲花座”，水星为“涨天潢。”龙无真落，断多为名“鬼劫”。势不中行，纵短终是漏胎。分受处无主星，幡花浪蕊。过峡处若值风摇，伪落虚花。中断多鬼劫，行度无正体、飞鹅，名为“煞曜”。入首无化生脑、蝉翼，号为“翼蛇”，皆主翻棺覆尸，立见毁坟、水蚁，学者于此当精察也。

【白话点拨】

这一段主要见解的是我们怎样看龙脉的出身，寻宗问祖查峰峦，及对整个龙脉的影响，并且总结出来了古人很有道理的，用五气来看龙脉的吉凶，即降势有正气，行度有运气，过峡有束气，入首有化气，作穴有生气，这是真正地理家的法度，准绳，具有很现实的意义。

寻找祖龙宗龙要从峰峦上看。这是说看风水之事，看地要以寻找龙脉为主，点穴为次，而看砂和看水又次之又之。究竟龙脉为何物呢？大家都说山就是龙，土即是穴。古人所讲的以山为龙，以土为穴，这些都是错误的。龙脉虽然离不开山的表现形式，但是，山没有变化的只能称为荒山，不能称为龙脉。穴地虽然是土，但是，土无穴情，则称为死土，也不能叫做穴。因此讲到龙脉，我们必须要寻其有无变化，有势有形，有峰有峦的山，才可以言这是一条龙脉，否则，只能说是这是一座普通的山。凡是言作穴地的，必当想先看其有脉有情，有聚有会，有气有受的地方才可以叫做穴位，否则，只能说是土。宗是为龙脉的一个小分受。祖是为龙脉的一个大分受。但常理是必先有祖，然后才有宗。祖山，一个族众的大父母也，比较远而疏。宗山，一家人的父母，近而切亲。古人说："千里来龙，但看到头一节。"又说："来而无受不成地，有受无来定有来"。是说宗很紧，而祖所当要缓一些，有宗必有祖，如果有祖而无宗，只是虚伪之地。风水中秀丽的山称为山峰，厚重的称为山峦，山峰主贵而且显达，山峦主富又昌盛。来龙首先重要的是寻找峰和峦，并且要说寻找好的山峰和山峦，这也是行龙立穴中的一个方面。这里只是祖宗分受的地方，就可以论说山峰和山峦，如果是无法查找祖宗，就不必再说了。但是如果一步步详细论说，就显得太拘泥了。龙脉有星体是变，有龙神是化。"势来形止，是谓全气。"形是指结穴之山的形状，气脉融势聚气的关键。我们一眼看到的，生气因势而行，又因形而止。所以形是对势的总结。势是指龙脉发源后走向穴场时，在起伏连绵中所呈现的各种势态。需要全局来看，用心来想，心中有一个大的轮廓，与形相较而言，形近而势远，形小而势大。所以说欲认真形，先观其势。故《葬经》上说："势如万马，自天而下，其葬王者，势如巨浪，重岭叠嶂，千乘之葬；势如降龙，水绕云从，爵禄三公；势如重屋，茂草乔木，开府建国；势如惊蛇，屈曲徐斜，天国之家；势如矛戈，兵死形囚；势如流水；生人皆鬼。"

根据上文所讲的，得出一个结论：有的龙有祖山却没有宗山；有的有宗山却没有祖山，像这样的穴位，我们就应该放弃。这些确定完后，我们再审察它的形和势；者是有山势，或是没有山势，一一再细分。如果误扦穴地，大多会导致败亡，如果有五星正体并且有立穴的地方，在此处扦穴，偶尔可使人富贵。

关于有山势没有山形，《灵源经》说："寻得干龙行大尽，形势不经无化生。老椿之下若安穴，死绝逃亡事不明。"关于有山形没有山势，杨筠松《疑龙经》说："君如寻得干龙穷，两水相交穴受风。风吹水劫却非穴，君如到此是疑龙。"

在祖山和宗山分受的地方，带星体的称为"盖座"，盖座有真有假；端正尊严的就为真，敧斜偏侧的为假。偏高偏低的为鬼，峦头破碎、山崖崩塌的为棕榈叶。还有好多变化，书中讲的很清楚，不在此详细解释，但研习风水的人，在判断龙脉好坏真假时，一定要详细探察。

枝干阴阳聚散间

龙之正出中行者为干，干上分受为枝。亦有枝中之干，亦有干中之枝。夫枝干之中，亦自有阴阳，此阴阳二字，非"一阴一阳之谓道"之阴阳也，亦非"起而活动者为阴，伏而平坦者为阳"

也。而此则比喻龙行之偏正、形势之分合也。

阳为君子，当中行而正坐。阴为小人，宜侧侍以护从。聚散者，众山众水会聚，则谓之有生气。四水四山分散，则谓之无生气。此诚学者切不可执泥于枝干，有厚薄之分。或枝龙作地，干作护；或干龙作地，支作护。

扦枝之法，《疑龙经》说："枝龙身上亦可裁，半是虚花半是开。若是虚花无朝应，若是结实缠护回。"若枝中生干，则又不可依此论之。

扦干之法，《寻龙经》说："有势无形空有心，有形无势亦虚名。势来形止为全气，富贵荣华此内生。"郭璞公《金柜经》说："急来缓处扦，缓来急处作。时师不明斯，立见家消索。"又说："坐下若无真骨气，面前空有万重山。"又说："气止水交方是穴。"

若形势不住，则气不止。局不真正，则水不交。煞气纵横，终为绝穴。

【白话点拨】

找到了龙脉，就要开始分析龙脉的枝干。枝龙和干龙是有阴阳区别的，主要按聚散来区分。龙脉正出中行的为干龙，干上分出的为枝龙。也有枝龙上再分出干龙的，也有枝中枝的。枝龙和干龙也自有阴阳，在此处所讲的并不是"一阴一阳之谓道"里的阴阳。一阴一阳之谓道是说阴转化为阳，阳转化为阴的运动变化。这里讲的阴阳是龙行的偏正、形势的分合。

阳为君子，应当中行而正坐；阴是小人，适宜侧侍来护从。只有聚散这样才能显示主次，才能有生气。顺便提一下什么是生气，郭璞《葬经》上说："葬者，乘生气也。"注云："生气即一元运行之气，在天则周流六虚，在地则化生万物，天无此则气无以资，地无此则形无以载故磅礴乎大化，贯通乎品汇，无处无之而无时不运也。""夫阴阳之气，噫而为风，升而为云，降而为雨，行乎地中而为生气。”因此所谓看风水，就是寻找生气凝聚之处，以期达到感应受福的目的。

大凡寻龙脉、察形势、觅星峰、辨水源、测方位、定穴场、倒杖放棺、究深浅，诸如此类，其最终目的，都是求乘生气。所以我们不要太执泥于枝干之分，厚和薄的区别。或者误认为是枝龙作为地穴，干龙作为护从；或者是干龙作为地穴，枝龙作为护从。

关于扦枝之法，杨筠松《疑龙经》说：“枝龙身上亦可裁，半是虚花半是开。若是虚花无朝应，若是结实缠护回。”如果是枝龙之中生干龙。则又不可依照上述这些来论说。

关于扦干之法，《寻龙经》说：“有势无形空有心，有形无势亦虚名缓来形止为全气，富贵荣华此内生。”郭璞公《金柜经》说：“急来缓处扦，缓来急处作。时师不明斯，立见家消索”又说：“坐下若无真骨气，面前空有万重山。”又说：“气止水交方是穴。”

假若龙脉的山势不住，那么气脉就不会止息。如果局不真正，则会水不交会。煞气纵横，终究是绝穴，切不可扦葬。一语道破风水的精髓为，葬乘生气，切记。

关峡从行分主仆

干龙有峡有关，枝龙有峡无关。枝干关峡中，辨寻龙法度无难，曾文迪问说：“何为关？何为峡？”杨筠松公答说：“入帐、出帐者为关，跌断而复起者为峡。”时师惟知出帐之关，而不知入帐、出帐为其大关也。徒知跌断者为峡，而不知有真峡、假峡之不一也。凡夫至此则迷懵矣！

夫关名有五，峡名亦有五：自出祖山盖座之下，名曰“透天关”。自出宗山飞鹅之下，名曰“毓秀关”。若入首而得枫叶三叉之中抽，名曰“化生关”。若中途横山正出，左右有卫，自中而来，名曰“假借关”。若龙行至中道，后有入帐，前有出帐，名曰“富贵关”。古人说：“穿帐度行踪，禄位至三公。”凡此者，皆言脉中出。若夫傍抽，则不入帐，关之法度矣。夫帐者亦关虚之别名也。涨天水星为帐，名曰“漫天帐”。崇高金星为帐，名曰“金兰帐”。横天土星为帐，名曰“御屏帐”。冲天木星为帐，名曰“华丽帐”。尖利火星为帐，名曰“芙蓉帐”。亦有金不金，而土不土者，名曰“横天帐”。亦有木不木，而火不火者，名曰“清束帐”。凡有出帐，皆名为吉利者，以其中抽也。

若夫峡者，有过水之峡，名曰“穿津峡”。经云：“穿津一峡少人知，重与营寨冠天墀。两岸屯兵如斗拱，有降有起是真机。”郭璞公《玉柜经》说：“真龙涉水贯虹霓，脉络连行无断绝。”若夫入水无形，出水无势者，非也。

有穿田之峡，名曰“潜伏峡”。管辂说：“脉伏如无，生成实过，锄失其形，原情勿错。”若夫过水入首得此，名为“临田失影。”名曰“扛丝峡”，刘朴庵说：“扛丝土脉若连行，尽处见真形。过头界合要分明，关锁大地成。”

亦有来有星峰，而起有星峰者，亦有来有星峰起无星峰者，总名之曰“悬丝峡”。曾文迪《人元经》说：“悬丝度峡有偏正，当求正者为真龙。或有半正半不正，当于乘气配来纵。”

有偷脉下坪，名曰“闪迹峡”。曾文迪说：“闪迹来时自作干，纵横护卫空撩乱。到头真结肖祖宗，世人莫谓非真龙。真龙伪落亦有之，枝叶自不相参随。”又说：“峡若长时真气散，长而无势名缓慢。亦名懒缓非正形，必有到头方剖判。”若于超度之处，降无脉，而起无从，外山不相夹护，名曰“真断”；一名“断堑龙”，时师误认，主人绝后，此亦“五不葬”之一端也。

从者，近身侍从也。行者，随行护卫也。关峡之际，名曰“夹从”。龙行之间，名曰“护从”。郭璞公说：“真龙先须问护从，无从名为鬼劫龙。”又说：“龙行长远去迢迢，外山面面意相招。

何须步步相随送，同行同伴各成龙。彼亦自去能作地，富贵大小本来踪。”至者，本龙也。仆者，夹从也。亦有主贤，仆侍主；仆良，主护仆。二者两相依附，切不可拘泥时师之俗情，而以主仆大概论之也。所以说：“贵通活法，莫泥陈言。”此之谓也。行龙出身，则有枝干、主仆之分。龙之行度，则有真夹、真从、真龙、真卫之辨，其余不必论也。

若夫认龙之法度，则必有道也。有生龙者，龙脉有势而圆净，顾主有情，无他往也。有福龙者，来势丰厚，形如柜镜，左右环抱，无相缺漏。有揖龙者，宾主趋迎，如人相揖，内外朝拱，远近有情。有应龙者，四顾照应，周密藏风，虽无龙虎，内外周遮。有劫龙者，分擘过多，足迹尖利，左右不顾，分散无依。有鬼龙者，无头无面，不成星体，分擘虽少，边死边生。有旺龙者，大山猖狂，急硬粗蠢，不分阴阳，亦无退卸。有煞龙者，童头破面，砂石嶙峋，各自分飞，形势走窜。有游龙者，左顾皆左，右顾皆右，起伏无常，行无正步。有病龙者，无起无伏，无依无附，欲行不行，欲止不止。有伤龙者，或被锄凿，或因水破，形势碎破，失其真踪。有绝龙者，无手无脚，孤单独行，砂石纵横，不受锄掘。此认龙十二式之大略也。若夫龙之性情、形体，则自有耳提面命，非纸笔之能尽，非经书之可以相传也。

【白话点拨】

杨筠松说道：“辨寻龙脉是枝龙还是干龙要在关峡里面分”。干龙有峡也有关，枝龙有峡没有关。曾文迪问道：“什么是关？什么是峡？”杨筠松答道：“入帐、出帐的是关，跌断而又升起的是峡。”当下的风水师只知道出帐之关，而不知道入帐，出帐为其大关，仅知跌断者为峡，而不知道有峡还有真峡、假峡之说。在此我们一一细分。

关的名子有五种，峡的名子也有五种。

1 自祖山盖座的下面而出的叫“透天关”。

2 自宗山飞鹅下面二区的的叫“毓秀关”。

3 如果龙入首而得枫叶三叉之中抽气脉的，就叫“化生关”。

4 如果中途横山正出，左右有护从待卫自中而来的，叫“假借关”。

5 如果龙行至中道，后面有入帐，前面又有出帐的，名叫“富贵关”。

古人说：“透过帐来看龙的行踪，禄位就在三公之列。”所有这些都是讲气脉中出。关于旁抽，则不入关、帐之类。

所谓帐，也就是关虚的别名而已。

1 帐天水星为帐称为“漫天帐”。

2 崇高金星为帐称为“金兰帐”。

3 横天土星为帐称为“御屏帐”。

4 冲天水星为帐称为“华丽帐”。

5 尖利火星为帐称为“芙蓉帐”。

6 有金不是金，说土不是土的，称为“横天帐”。

7 有说木不像木，说火不像火的，称为“清束帐”。

凡是有出帐开账的，都视为吉利，因为气脉是从这里面抽出的。

峡的名子也有五种：

1 有过水的峡称为“穿津峡”。

2 有穿田之峡名叫“潜伏峡”。

3 如果过水入首，称为“临田失影”，名叫“扛丝峡”。刘朴庵说：“扛丝土脉如果连行，行尽的地方就可见到它的真形。过水界合要分得清楚明白，关锁大地佳穴可成。”

4 有过峡来有星峰而起有星峰的。也有来有星峰而起无星峰的。总的说来称为“悬丝峡”。曾文迪《入元经》说：“悬丝度峡有偏有正，应当求正，就是真龙。也有半正不正的，应当在乘气中来配它的踪迹。”

5 有偷脉下坪的，称为“闪迹峡”，“峡如果太长真气就会散去，峡长而且有势名叫‘懒缓’，并不是正形，一定有真龙，必须到头方可评判。”如果降龙没有脉，起龙没有纵向，外山没有夹护，这种情况称为“真断”；又叫“断堑龙”。人们如果误扦葬亲，主无嗣绝后，这是《葬经》五不葬里面的一项。

另外，离来龙较近的为从，随行护卫的为行。关峡之间称为“夹从”。龙行之间称为“护从”。郭璞公说：“真龙必先看它的护从，没有护从的称为鬼劫龙。”又说：“随从的龙也能做穴地，但是富贵的大小要看来龙的纵长。”“贵通活法，莫泥陈言”，行龙出身，则有枝干和主仆的区别。龙的行度则有真夹、真从、真护、真卫之辨，其余的则不必论说。

关于辨认龙脉自有一套方案。以下是关于龙脉辨认的大概十二式。

1 有生龙：龙脉有势而具圆净，回顾主龙有情专一，没有去向它方。

2 有福龙：来势丰盈厚重，形状像柜镜，左右环抱没有缺漏。

3 有揖龙：像人们相互作揖；里面和外面都有朝拜，有拱手，远处和近处皆有真情。

4 有应龙：四面相看，互相照应，周密地藏风，虽然没有龙虎之卫，但内外周秘。

5 有劫龙：分擘过多，足迹尖利，左右不相照顾，分散没有依靠。

6 有鬼龙：没有头也没有面，不成星峰之体，分擘虽然少，但是边死边生。

7 有旺龙：大山猖狂，急硬粗蠢，不分阴和阳，也没有退卸。

8 有煞龙：光秃秃的山头，破败的面孔，砂石嶙峋而不肥厚，各自纷飞，形和势走窜。

9 有游龙：向左回顾就一直向左，向右回顾就一直向右，起伏无常，行走没有正步。

10 有病龙：没有起也没有伏，没有依附，山势是欲行不行，欲止又不止。

11 有伤龙：被锄坏凿断，或是因为被水冲破，山形和山势破碎，失去了它的真正踪迹。

12 有绝龙：没有手也没有脚，孤单单地独自而行，砂石纵横，没有受过踢伤和挖掘。

请学习风水的慢慢品读以上的总结。

胎息孕育认孤寒

赖文俊公说：看地难言是与非，胎息孕育是天机。四字不明空费力，临歧作用定狐疑。”夫祖宗出身为胎，形势博换为息，到头化气为孕，立穴真情为育。孤者．无侍从也。寒者，不藏风也。

此言胎者，乃祖宗出脉之处，为受胎之所，即今之所谓胎元者是也。然胎元必以崩洪为证佐；杨筠松公《撼龙经》说：“贵龙多是穿心出，富贵只从傍上生。”又说：“高山如帐后面遮，帐里微微似带斜。带斜下来如鼠尾．此是贪狼上岭蛇。带舞下来鹤伸颈，此是贪狼下岭蛇。上岭解生朱紫客．下岭须为朽腐家。”又云：“大山特起小为贵，小山忽起大为势。高低大小断续行，此是贪狼真骨气。”此言降势宜中出者贵，傍出者富；上岭者贵，下岭者富。

崩洪、降势，言龙脱胎，而辞父母之处也。马迹者，微有泡也。螺蚌者，渡越水而微见也。摸石者，失踪迹也。节泡者，相牵连也。交角者，分析去也。也字者，顾祖宗也。之字者，湾曲行也。十字者，纵横去也；或直落而横去，或横落而直去。川字者，三山出也。断续者，显隐行也。

厉伯韶说："胎伏有三十六传，高齐云而低近水。"言胎星愈高则吉，伏星愈低则佳。胎者，父母也。伏者，子孙也。又说："劫煞分十二路，居后坐而应前官，鬼煞宜居龙后，煞曜可应龙前。"息者，言龙之行度。高而见其星体，低而见其性情；或行纵，或度峡，皆必要配合法度。孕者，真脉入首，必要化气，阴变阳，阳变阴。郭璞公说："玄武不垂头，谓之拒尸。"到头者，穴后第二节之"折山"也。化气者，入首化成生气也。如孩儿头、虚鼠肉、罗纹土宿、葛苞、枫叶、临头、合脚、或气、或珠、或乳、或毬、或檐、或转皮、或紫气、或节、或块、一或胞、或梗之属是也。盖气、乳珠、转皮为阳，穴宜正求。节块胞梗为阴，穴宜架折。《口决》说："真脉莫当头，横脉须要插，斜脉穴当闪，荡走黄金撤。杀火须寻水，金水分芽是。请君细认情，五行皆此理。"又说："绕鼻山头卷，虾须水面分。《一寸金》说："落不落，虾须蟹眼无差错。来不来，但看金鱼水萌腮。上有分而下有合也。住不住，穴前一滴蟹眼水，穴星圆而水弯抱也。有没有，虾须夹住金斗口。微茫水而抱脉穴也。牛角之砂，出自外来。蝉翼之砂，本自己出。燕窠者，即仰天之海螺也。凤窠者，即金土之开口也。"

夫世俗之言虾须者：山成，而有界有合。蟹眼者：平地界合分明也。金鱼者：无势无局，水自内出，而合在前也。临头者：上分也。合脚者：下合也。淋头者：上不分也。割脚者：下不合也。合金者：砂水穴前齐到也。合襟者：砂水左右掩映也。眠干者：上乘圆晕也。就湿者：下亲界水也。乘金者：得龙得脉，不缓不急也。相水者：上分下合，不偏不倚也。穴土者：平中取坦，中裁也。印木者：左右交固，前后周遮也。剪火者：乘生闪煞，趋吉避凶也。生蛇渡水者：形容其过脉，有形影也。啄木腾空者：颙望其起，有飞越也。

蜂腰者：断中不断也。鹤膝者：不起中起也。

蝉退壳者：高山下平洋也。蚕退筐者：平洋忽自有墩出也。隐隐者：有中无也。隆隆者：无中有也。磊磊者：石骨入相也。落落者：土脉速行也。博者：断而复续也。换者：正星化曜也。龙者：能变，能化也。脉者：隐而见，见而隐也；只言到头一节，余则不以脉称。穴者：毫发不差也。胎者：分受处也。息者：博换处也。孕者：入首处也。育者：融结处也。生气者：有气脉，而又隈藏也。死气者：无形无脉，而又孤零也。冷脉者：无脉无穴，空突不圆净也。正脉者：正来正受也。穿针者：正来侧受也。劈斧者：直来横受也。开孤者：开金见水也。截荡者：乘生斩煞也，非水星也。停驿者：势行气止也。骑龙者：形止势行也。截气者：将止腰作也。斩关者：形势俱行，缠护朝应，有穴可扦也。斩竿者：玄武嘴长，高处点也。扳鞍者：天财悬乳也。红旗者：藏金闪煞，一名“仙人咬虱”，一名“侧脑受穴”也。回者：气脉俱住穴取其回，一名“倒骑牛”。气之所钟者：高山上聚，回环旋绕，有缠有护也。气之所聚者：平洋立穴，砂止水交，前朝端拱也。气之所会者：半山半水，众所集聚也。而所谓分合者：要枕尖圆，阴媾阳，则尖在上，而圆在下；阳交阴，则圆在上，而尖在下；有尖无圆，谓之散脉。有圆无尖，谓之气散。内有乳，而水神交两足转而真气聚，名说“金枧”。有界合，而见隐明暗，口圆净，而内重回，名说“金槽”。皆主富贵。龙上无星峰，泻陷走真气，名说“竹枧”。两手不回揖，元辰水直行，名说“茶槽”。皆主败绝。若夫扦穴脉之法度，则自有《一寸金》之齐、扯、歃、过、纳、牵、分、枧、掬、眉、拗、射、合、圆等之法度也。若认穴情，则自有角、顶、面、舌、嘴、颈、脊、气之规矩也。学者于此无得卤莽，当自潜心凝神，而研审精当，无使毒人如鸩！

【白话点拨】

胎息孕育要辨认孤寒。风水上祖宗出身是胎，形势博换是息，到头化气是孕，立穴真情是育。所谓孤，是没有侍从护卫；所谓寒，是因为不藏风。赖布衣先生说："看地扦穴评论它的好与坏、是与非，其中的天机在于胎息孕育，这四个字不真正明白，看大地只能说是白费精力，遇到分歧的地方龙的好坏必定会怀疑不决。"

这里所讲的胎，是指祖宗出脉之地，为受胎的场所，也就是现在今所说的"胎元"。但是，胎元必须以崩洪作为证佐。

崩洪、降势是说真龙脱胎而离开父母的地方；马迹是指微有水泡；螺蚌是指渡过水而且略微能见；摸石是指失去了纵向踪迹；节泡是指相互牵连；交角是指相分离；"十"字是纵横而去，有的直落横去，有的横落直去；像"也"字是回顾祖宗；像"之"字是弯弯曲曲前行；像"十"字是纵横而去，有的直落横去，有的横落直去；像"川"字是三山出；断一续的是或显或隐而行。

地理名家厉伯韶说："胎伏有三十六佳。高能与天上之云并齐，低则近大地之水面。"这是说胎星越高就吉，伏星愈低就佳。

世俗间所讲名词下面分述：

胎是指父母，伏是指子孙。

虾须是指山穴成而有界有合。

蟹眼是指平地界合分明，

金鱼是指没有势却有局，水自内流出，而合流在墓前。

临头是指上面分开，

合金是指砂和水在穴前齐到。

合襟是指砂和水左右掩映。

眠干是指上乘圆晕。

乘金是指得龙得脉，不缓不急。

相水是指上分下合，不偏不倚。

穴土是指平中取坦，既是中裁。

印木是指左右交固；前后周密遮掩。

剪火是指乘生闪煞，趋吉避凶。

生蛇渡水是说其过有形有影。

啄木腾空是说，望它的起势有飞越。

蜂腰是指断中不断。像蜜蜂的要一样细长的。

鹤膝是指看似不起却从中起，圆形的。

蝉退壳是指从高山下到平洋。

蚕退筐是指平洋突然有墩阜出。

隐隐是有中无，隆隆是无中有，

磊磊是指石骨入相，落落是指土脉快速而行。

博是指断后而复续。

换是指正星变化出曜。

龙就是能变能化。

脉就是隐而见，见而隐。

胎是指分受处。

息是指博换处。

是指入首的地方。

育是指融结的地方。

生气是指有气脉而又有隈藏。

死气是指无形无脉而又零无依。

冷脉一是指无脉无穴，空突不圆净。

正脉是指正来正受之脉。

穿针是指正来侧受之脉。

劈斧是指直来横受。

开脉是指开金见水。

截荡是指乘生气斩煞，不一是指水星。

停驿是指势行但气蓄止了。

骑龙是指形止而势行。

截气是指将要停止了又从腰中兴起而作。

斩关是指形势都行，缠护朝应，有穴可扦。

斩竿是指玄武嘴长，在高处点穴。

扳鞍是指天木悬乳。

红旗是指藏金闪煞，一名“仙人咬虱”一名“侧脑受穴”。

回是指气脉都在，穴取其回，又叫“倒骑牛”。

气之所钟是指高山上聚，回环旋绕，有缠有护。

气之所聚是指平洋立穴，砂止水交，前朝端拱。

气之所会是指半山半水，众所集聚。

分合是要枕尖和圆，阴来媾和阳，尖在上面，圆在下面；阳交阴，则圆在上面，尖在下面。有尖无圆，称为散脉；有圆无尖，叫做气散。内有乳而水神相交；两足转而真气相聚，叫做“金枧”。有界合而见隐明暗；口圆净而内外重回叫做“银糟”都主富贵。龙上没有星峰，泄泻真气，名叫“竹枧”。两手不回揖，元辰水直流，称为“茶槽”。都主败绝。

关于扦穴认脉的法度，则自有《一寸金》的齐、扯、敧、过、纳，分、枧、掬、眉、浮、拗、射、合、圆等的法度，如果要辨认穴的情况就自有角、顶、面、舌、嘴、颈、脊、气的规矩。

研习堪舆的人们在这方面不要急于求成，应当潜心钻研，全神贯聚，研审精当全面掌握，不要用一知半解的学识去毒害他人，就像用鸩去毒害人一样。

毋蹈空亡乘煞气

毋者，禁止之词。蹈者，失陷于其地也。空亡者，龙穴皆有空亡；夫之空亡者，祖宗无降势，是名“空亡”。龙行度不尊重，亦名“空亡”。龙众不特小，众小不特大，亦名“空亡”。龙边生边死，边刚边柔，亦名空亡”。龙远行不跌断，行止不转换，亦名“空亡”。龙跌断太过，多脱骨失踪迹，亦名“空亡”龙护卫不到头，游行无星体，亦名“空亡”，龙本身无枝脚，行止无矩度，亦名“空亡”。凡龙空亡四十八般，群其大略，但言皆不成龙，故不受地。时师误认下穴，多主败绝。然穴亦有空亡，正受若无真官曜，纵有垣局损年少者，无乐山无主脉号空亡，退落少年郎。穴无正星脉不明，立见家伶仃。穴无化气无苞乳，家业化成水。瞄无化生脑，退绝必分晓。或有正穴星，而成正受，则亦非此例也。穴坐坑槽并仰瓦，宫灾重丧家冷落。

又有三十六绝穴《法灵文》说：穴后仰瓦又无落，名为“空凹绝”。脉息长而忽突起：名为“鹅头绝”。身脚若还随水去，名为“鸭颈绝”。作别人之关锁，外从不回头，名为“城门绝”。罗星上作穴，名为“水口绝”。左右无界合，堂水不停留，名为“干窠绝”。后山若壁立，前又无峰降，名为“覆钟绝”。形势斜而尖，无脉又无受穴处，名为“犁尖绝”。流砂脚尽去，穴受八风吹，名为“牌尾穴”。聚讲而无形与局，名为“初龙绝”。口平中无聚又无证佐，名为“草坂绝”。穴傍脊而斜穿，名说“马眼绝”。脉似行而形势不行，名为“过堂绝”。口中饥无乳，又无微茫界，又无壁可倚，名为“开口绝”。凡穴傍落深坑，名为“落槽绝”。凡穴前水落槽，名为“茶槽绝”。凡穴前水斜落，名为“竹枧绝”。若脊龙，无裀褥，毬檐不分明，名为“金刚肚绝”。穴两畔受坳风，名为“剪烛绝”。若孤峰独珑珑而无护卫，名为“孤神绝”。枫叶脚不回，名为“三叉绝”。有星无化气，名为“孤寡绝”。田塍作龙虎，田傍无气脉，名为“流砂绝”。龙横过，挨旁扦，名为“山坡绝”。状如仙带，一平无脉，名为“无气绝”。玄武出门顶头下穴，名为“漏胎绝”。水裹头而无砂包裹，名为“裹头绝”。龙脉正行，微平，骑斩，名为“斩龙绝”。不明去就之势妄自开孤截荡，名为“失度绝”。穿山透地，相克制亡命，分金相刑害名为“浑天绝”。本主微弱而四山高压，名为“压穴绝”。本主卑贱而堂局过大，名为“忌形绝”。本主卑小而朝应尊大，是小人不敢对君子名为“僭越绝”。形势局面虽佳丽，而造作或不如法，名为“失矩绝”。降势不真正，尾脚随摆动，名为“碎形绝”。顺流关不住，本弱前山凹，名为“败形绝”。

以上三十六绝穴，学者入门，先须悟此，否则遗下祸不轻，慎之！戒之切勿为残忍之人也。

【白话点拨】

我们看风水的目的是趋吉避凶，所以找地时千万不要犯空亡，犯煞气等，一定要选择一个好的穴位。毋，就是禁止的意思。蹈，是指失陷在其地上。龙和穴都有空亡，龙的穴亡是指祖宗山没有降势，称为“空亡”；龙的行度不够尊重，也叫“空亡”；众龙都大没有特别小的，或众龙都小没有特别大的，也叫“空亡”。龙边生边死，边刚边柔，也叫“空亡”；龙远行不跌断，行上没有博换，称为跌断太多，脱骨失去踪迹，也称“空亡”；龙行护卫不到头，行走没有星体，也称“空亡”；龙本身没有枝脚，行和止都没有规矩法度，也称“空亡”。实际上说了这么多的空亡，无怪乎就是看风水时要找到有生气的地方，即辨别龙穴的生死问题。这也符合《葬经》葬生气的宗旨。

空亡龙总共有四十八式，这里只是特举其大略而言，以上所言都不成龙，时师如果误扦误葬这样的空亡龙，多主败绝。

然而，穴也有空亡。正受之穴如果没有真正的官曜，纵然有垣局，也会损伤少年之人。横龙无乐无主也称“穴空亡”，会退落少年儿郎。穴体没正星脉又不明，立刻就可见到家庭衰落，家内之人孤苦伶仃。穴没有化生气，也没也苞乳，家业就会化成水而流走。立穴之地如果没有化生脑，家道衰落退绝必定能见分晓。或者有正穴星而成正受穴，但也不是这个例子、如果穴后面坐坑槽并有仰瓦，主有官灾、重丧之事，家道会慢慢衰败冷落。

《法灵文》又有三十六绝穴之说：

（一）穴后仰瓦，又无落，名为“空凹绝。

（二）脉息长，而忽突起，名为“鹅头绝”
（三）身脚若还随水去，名为“鸭颈绝”。
（四）作别人之关锁，外从不回头，名为“城门绝”。
（五）罗星上作穴，名为“水口绝”。
（六）左右无界合，堂水不停留，名为“干窠绝”。
（七）后山若壁立，前又无峰降，名为“覆钟绝”。
（八）形势斜而尖，无脉又无受穴处，名为“犁尖绝”。
（九）流砂脚尽去，受穴八风吹，名为“牌尾绝”。
（十）聚讲而无形与局，名为“初龙绝”。
（十一）平中无聚，又无证佐，名为“草坂绝”。
（十二）穴傍脊而斜穿，名为“马眼绝”。
（十三）脉似行而形势不行，名为“过堂绝”。
（十四）口中饥，无乳，又无微茫界，又无壁可倚，名为“开口绝”。
（十五）凡穴傍落深坑，名为“落槽绝”。
（十六）凡穴前水落槽，名为“茶槽绝”。
（十七）凡穴前水斜落，名为“竹税绝”。
（十八）若脊龙，无褶褥，毬檐不分明，名为“金刚肚绝”。
（十九）穴两畔受坳风，名为“剪烛绝”。
（二十）若孤峰独陇，而无护卫，名为“孤神绝”。
（二十一）枫叶脚不回，名为“三叉绝”。
（二十二）无化，名为“孤寡绝”。
（二十三）田塍作龙虎，田傍无气脉，名为“流砂绝”。
（二十四）龙横过，挨螃扞，名为“山坡绝”。
（二十五）状如仙带，一平无脉，名为“无气绝”。
（二十六）玄武出门顶头下穴，名为“漏胎绝”。
（二十七）水裹头，而无砂包裹，名为“裹头绝”。
（二十八）龙脉正行，微平，骑斩，名为“斩龙绝”。

（二十九）不明去就之势，妄自开孤截荡，名为“失度绝”。

（三十）穿山透地，相克裁亡命，分金相刑害，名为“浑天绝”。

（三十一）本主微弱，而四山高压，名为压穴绝。

（三十二）本主卑贱，而堂局过大，名为“忌形绝”。

（三十三）本主卑小，而朝应尊大，是小人不敢对君子，名为“僭越”。

（三十四）形势局面虽佳丽，而造作或不如法，名为“失矩绝”。

（三十五）降势不真正，尾脚随摆动。名为“碎形绝”。

（三十六）顺流关不住，本弱前山凹，名为“败形绝”。

以上是三十六绝穴，研习堪舆学的学者要想入门，必须先领悟它，否则将会很重的灾祸，一定要特别小心谨慎，千万不能害人。

三吉六凶候为难

何为三吉？

一吉：天光下临，地德上载，藏神合朔，神迎鬼避，是也。

二吉：阴阳冲和，五土四备，是也。

三吉：目力之巧，工力之具，趋全避缺，增高益下，是也。

何为六凶？

一凶：阴阳差错，是也。

二凶：岁时乖戾，是也。

三凶：力小图大，是也。

四凶：凭福恃势，是也。

五凶：僭上逼下，是也。

六凶：变应怪见，是也。

龙不结穴四种：

若龙虽好，不结穴，谓之“有若无”。

穴虽好，无来龙，谓之“实若虚”。

砂虽横，随水去，谓之“水窜走”。

水虽好，无砂关，谓之“全盖沉”。

认候气法四种：

1、来势缓而上聚，则用“盖穴”而沉作，以抑其阳气，因煞从下出。

2、来势急而下聚，则用“粘穴”而浮作，以杀其阴气，因煞从上出。

3、来势横而无脉，则用“撞穴”而吞作，以受其过气，因煞从旁出。

4、来势逆而有伤，则用“倚穴”而吐作，以承其偏气，因煞从中出。

石中见土是名“真穴情”，土山见石，斯名“真骨气”，故形不可妄称，局不可妄就，范越凤说：“勿为想象妄称形，形势合星宿。”又说：“天中星宿照地舆，证穴法无余”。此之称谓也。若十二倒影则必有道理也。

1、山之俯者，顶足不同，则上聚而下散，多在山之顶，作天穴。

2、山之仰者，顶低而足阔，下聚而上散，多在山之麓，作地穴。

3、山之正者，上下皆散而中聚，多在山之腰中停，作人穴。

4、山之左生而右死，必右止而左行，多在胁之左，作仙宫穴。

5、山之正行，忽然反侧，必后山崔而前山背，如莲花之仰覆，必头大而颈小，作纽丝穴。

6、山反悖而穴正结，如旗之张屋，如弓之上弦，必作单提穴。

7、山之正平而穴突起，如有脊之利，如蜈蚣之出土，如龟蛇之昂头，作水穴。

8、山俯而仰者，必生节，如连珠，如芦花之三袅，如芦鞭之生节，作三停穴。

9、山中直生，如左右手，颈中中峙，如襟之合，尖如手睁之垂下，作通容穴。

10、山高落于平洋，或浮或没，如藕断丝连，必作金盘荷叶穴。

11、山之正行而曲倒则中聚，如转、如草尾之珠、如露行之水，作缀珠穴。

12、山来临穴摆转，左右开口，两腮结穴，水分东西，两背相挺，各自纽会，作转皮穴。其间若脉斜穿，作穿针穴。山来若脉横过，而穴押脊，作斩斧穴。

凡此程序，务必要祥审细查，而作法必要如式，所以说：“寻龙虽难，而扦穴犹难也！”学者仿此，需要精到详讲。

【白话点拨】

主要讲解三吉六凶，不结穴四种，认候气法四种和十二倒影穴法。讲究人们在寻龙点穴时，务必详细审查，作法必要如式。因此说：“寻龙虽然很难，而扦穴更是难上加难。研习堪舆的学者要仿照这些，精准地掌握，熟练地运用。

缩气、藏气、飘泊气

此亦承上章而言。

扦穴之法，切不可拘泥于枝干、偏正之分。《灵辖经》说："三分三合建中州，枝干相随自相护。真气有来见主星，一家骨肉相依附。回环旋绕会三阳，外山齐来作门户。左右纽会作仙宫，将相公侯真宰辅。"吴景鸾说："二龙并出，缩者为尊。"此则所谓缩气，非上文峡中缩气之谓也。真所谓"众长之中，独取短小为尊贵"也。

藏气者，脉中元气藏于其中是也，然元气有名而不可见，而所可见者，特仿佛耳。夫真元之气者，藏于山川之上，即《洞林秘诀》说："欲求千年灵骨之不朽，须审一点真阳之在兹"者，此也。

如窟中之突，突中之窟，须要圆净而伶俐。

实中虚，虚中实。虚实间，必须光润而清明。

琴上马，直取其横。马上琴，横取其直。

云中雁，有影无形。雁中云，有形无影。

风中絮，乱中取聚。絮中风，聚中取乱。

囊中颖，隐中取现。颖中囊，现中取隐。

镜中灯，暗中取明。灯中镜，明中取暗。

雪里梅，虚中取实。梅里雪，实中取虚。

舟中浪，沉中取浮。浪中舟，浮中取沉。

石中玉，粗中取细。玉中石，细中取粗。

核中仁，死中取生。仁中核，生中取死。

蟹中黄，怪中取常。蚌中珠，大中取小。

鱼中胞，小中取大。盏中酥，露中取珠。

灰中线，群中取独。草里蛇，静中取动。

此言认藏气之法度也。

夫飘泊者，飘者，言脉似散乱而实不散乱，言形虽欲落不落，其实有真落也泊者，言气虽欲行不行，其实真不行也。《锦囊经》说："气之盛者，虽流行而其余者犹有止；气之弱者，虽零散而其深者犹有聚，故藏于者，宜浅。藏于坦夷者，宜深。"又说："浅深得乘，风水自成。"因可以见气运之妙也。周旋其间，莫可止极，而无尽藏也。

【白话点拨】

这一段是承接上一章而言。讲解扦穴的方法，千万不能拘泥在枝干、偏正的区别上。对于缩气来说是"众长之中，独取短小为尊贵"。所谓藏气是指脉中元气藏于其中，元气虽然有名称，但看不到形，能见到的只是隐约仿佛而已。像窟中之突、突中之窟，必须要圆净而伶俐。实中有虚，虚中有实，必须要光润而清明。琴上马，直取其横。马上琴，横取其直。云中雁，有影无形。雁中云，有形无影。风中絮，乱中取聚。絮中风，聚中取乱。囊中颖，隐中取现。颖中囊，现中取隐。镜中灯，暗中取明。灯中镜，明中取暗。雪里梅，虚中取实。梅里雪，实中取虚。舟中浪，沉中取浮。浪中舟，浮中取沉。石中玉粗中取细。玉中石，细中取粗。核中仁，死中取生。仁中核，生中取死。蟹中黄，怪中取常蚌中珠，大中取小。鱼中胞，小中取大。盏中酥，露中取珠。灰中线，群中取独。草里蛇，静中取动。

这里讲的是辨认藏气的法度。关于飘泊气。飘是说脉看起来散乱，但实际上不散乱；说形虽然好像要落又没有落，实际上有真落。泊是说气虽然相行又不行，其实真不行。《锦囊经》说："气盛旺虽然流行，但其它的还有停止气。气衰弱虽然零散，但其深藏的还是有聚集的。所以说藏于干涸干燥之处的适宜浅藏于坦夷的适宜深。"又说："浅深得乘，风水道理自成。"因此可以见到气运行的奥妙，周旋其间，没有停止，以至于无穷无尽。

相传脉络要清圆

气脉相传者有三类：

（1）自高而下，自下而高；高为龙之冈，下为龙之柔。

（2）自大而小，自小而大；大为脉之粗，小为脉之细。

（3）自隐而费，自费而隐；隐为体之微，费为用之广也。

然此三者，自相传变，连而复断，断而复连。

脉：以显名，以其有星体也。

络：以隐名，以其成变化也。

清圆者：一言其必要成星体也。

如金星必头圆，或覆钟，或覆釜。如木星顶直而高耸，或卓立如圭，或横卧如剑。土星头方而端正，或如柜库，或如方箱。火星头尖而秀丽，或顿枪顿旗，或如龙楼宝殿。水星活动不定，或屈曲如蛇，或弯环如带。此皆其正体也。

后人恐其五星不足以尽阐述星体变换之妙用，故继之发明出九曜，欲以尽其变化，而统一其秘密也。同一金星，高者为太阳，低者为太阴；太阳饱而为天罡，太阴面而为孤曜。盖言其正体则可以星名，而饱面则不成星体也。盖木星更名紫气，以其有化气也。水星更名扫荡，以其畅茂而条达也。火星更名燥火，以其秀丽而清俊也。土星更名天财，以其重厚而端严也。

九曜之中，惟金最多者，以其山之变，头多圆净而象金，故因名之。若夫棱角尖利，穴不宣见，此皆取象之义，即气运之规矩，以应其生克制化，以征其吉凶。

【白话点拨】

所谓气脉相传，就这三类，自相传导变化，连又断开，断开又再连起。

脉：是星体。

络：是星体成变化形。有金木水火土五种星体。

但是后人恐怕只用五星不足以表现星体的妙用，所以继而用九星来表述其较完整的变化，而统其秘密。在同一个金星，高的是太阳，低的是太阴；太阳饱而成为天罡，太阴面而为孤曜。都是说它的正体则可以用星的名称来称谓，而饱面则成不了星体。木星的别名，又叫紫气，因为它有化气。水又叫扫荡，因为它畅茂而且条达。火星又叫燥火，因为它秀丽而且清俊，土星又叫天财，因为它重厚而且端严。九星之中，只有金星最多，因为其山之变，山头多圆净而且像金，因此起这样的名字。

如果龙体棱角尖利，穴不宜见，这些都是取象之义，也就是气运的规矩法度。以应其生克制化，以征其吉凶休咎。

折山入首须伶俐

“折山”穴后第二节而为，“入首”到头第一节而为。

范越凤说：“龙神何谓有真落，但看折山为的确。欲知生气有真来，隧入首堪度裁。”此言地理之最关紧至要处也。

廖金精说：“穴后一星为龙格，仍要穴中明主客。”即此可以见龙之真假，穴之偏正，气之生死矣。

唐一行说：“折山不明枉用心，纵然有穴不勘针”。

厉伯韶说：“若还只问好头面，假穴时有真乳现。外山仍旧有遮拦，过情自是无针线。”

刘白头说：“无折是名无主星，人亡财散随伶仃。又说：“折山不明主山懵，破财横祸到家门”。

若折山星峰严正秀丽，必主富贵之象。伶俐者，星曜正体尊重端严，而无欹斜偏侧之象。惟其不偏不倚，故立穴自然合式，而有穴情，又有穴名。惟其如是，则所产之子孙，自然为队君子，不杂于妖邪怪异之弊。又说："若得是穴，则人之邪者皆化为，不福者皆可以成福。"所以说"山清人贵，山端人正"者此也。

【白话点拨】

折山是龙脉结穴的 重要标志，穴后的第二节为为折山，入首是龙脉到头第一节，龙神怎样才叫有真落呢？只看折山就清楚明白了。要想知道生气是否真来，只要依照入首就可堪察裁决。这都是风水学中最关键、最重要的内容。

如果折山星峰严正秀丽，必主富贵之象。伶俐，是指星曜正体尊重端严，而没有攲斜偏侧之象。只有它们不偏不倚，所以立穴自然符合法式，既有穴情又有穴名，只有这样做，其后代子孙自然获得福分。还有一种说法，如果能得到这样的穴位，那么邪恶的人能转化为正直的人；没有福的人可以成为有福之人。因此说："山清人清，山端人正。"讲的就是这一道理。

神煞性情认的端

吉则为神，凶则为煞。刚则是龙之性，柔则是龙之情也。此言祖宗得星峰，行度得活动，到头合法度，砂水尽朝宗。此之谓神。若祖宗不分明，行度多鬼劫，入首不成星，砂水不相顾，是之谓煞。

山之随水走者，性也。面面相朝拱者，情也。此言神当亲近，煞当远避也。《黑囊经》说："龙好，博换屈曲。穴好，凶砂藏缩。砂好，朝应官禄。水好，澄凝合局，此之谓有神也。"

又说："龙怕出身不明，穴怕左右泻倾，砂怕反面无情，水怕直流竟行。此之谓带煞也。山性本刚而又碉其柔，穴情本案而又求其刚；刚中取柔者，言有化气也。柔中求刚者，言有法度也。的端者，中和之气。此言龙、穴、砂、水，皆要中正而和美，不可偏胜而斜侧。”又说：“角嘴脊顶非正受也。”何谓中和？郭璞公说：“形势之名，虽不正而真。其穴一扦，自然如人正坐，而自无偏倚之弊。此端的之真诀也。

【白话点拨】

说祖宗得星峰，行度得到活动，到头合其法度，砂水都是朝宗，这些所说的就是神。假若祖宗不分明，行度多鬼劫，入首不成星体，砂水褶相回顾，这些所说的就是煞。

山随水走，这是山的性。面与面互相朝拱，这是山的情。这些是说吉祥之神应当亲近，凶恶之煞应该避开。山之性本刚而又要取其柔。穴情为柔而又要求其刚。刚中取柔是有化气，柔中有刚是有法度。所谓的端、是指和之气这里所讲的龙穴砂水都要中正而和美，不偏胜不斜侧。又说：角嘴脊顶不是正受。什么叫中和？郭璞公说：“形势之名，虽不正而真。”其穴一扦，自然像人正坐一样，当然没有偏的。

真龙真穴真砂水

赖文俊公说：“真龙，龙合法度而特来；真穴，穴成星体而特见；真砂，砂之四面特朝拱；真水，水到穴前寂不动。”

1 真龙者，胎息孕育俱全，博换峡势俱备者是也。

2 真穴者，折山形局之分明，化气、乘气合法度者是也。

3 真砂者，明朝暗拱之严整，官鬼禽曜之巩固者是也。

4 真水者，洋洋悠悠，顾我欲留，其来无源，其去无流者是也。此四真字，在人所当必要，临穴必不可少者也。

【白话点拨】

主要说明真龙真穴真砂水赖文俊公说：“龙合法度而且特地而

来叫做真龙，穴成星性而且特地出现名叫真穴，砂的四面特别朝拱叫做真砂，水到穴的前面寂静不动叫做真水。”所谓真龙，是指胎、息、孕、育都全，博换峡势俱备。所谓真穴，是指折山影局分明，化气、乘气合于法度。所谓一真砂，是指明朝暗拱严整，官鬼禽曜巩固。所谓真水，是指洋洋悠悠，顾我欲留，其来无源，其去看不见水流。龙、穴、砂、水这四真字，在人所当必要，扦穴是必不可少的。

初中老尽亦堪安

范越凤说：“初龙发下亦可安，大小停驿搁曲湾。重重包裹无漏泄，融结之中亦出官。此初龙作地之征也。又说：“大地多从腰里落，余枝回转作城廓。此中龙作地之征也。又说：“龙去迢迢将势穷，三阳外拱内藏风。余枝虽去亦作地，真情真穴产三公。”此老龙作地之征也。又说：龙尽砂朝水局聚，有穴端然成富贵。”堪安者，言寻龙、捉脉、定穴，不必泥于尽龙，但有穴情融结之处，皆可安扦。世之时师每说：“龙尽气钟，福禄无穷。”又说：“初中作穴总是枝，纵然发福不多时。”此皆小人虑见之夷语也。郭璞公说：“龙尽下平洋，砂水尽飞扬。坪中空着穴，身弑国从亡。”又说：“尽龙山势刚，无形号老椿。”又说：“面前砂水又可爱，内里山水皆反背。老椿无化入干源，立见败亡成凶悔。”又说：“砂不乱湾，湾则气聚。水不乱回，回则气止。”《疑龙经》说：“君如寻得干龙穷，两水相交穴受风。风吹水劫却非穴，君如到此是疑龙。”又说：“尽龙初龙穴一样，藏风聚气乃堪安。若还有一不周全，矩度不成空自诳。孰若中受真全局，富华荣华无勉强。”学者于此，必当自砂环水聚之间求之，奚必龙之尽也？

【白话点拨】

初龙、中龙、老龙、都能堪得好穴。范越凤说：“初龙发下也可安，大小停驿掬曲弯。重重抱裹没有泄漏，融结之中也出官。”这是初龙作地之征。又说：“大地多从腰里落，余枝回转作城廓。”这是中龙作地之征。又说：“龙去迢迢将势穷，三阳外拱内藏风。余枝虽然离去也可作地穴，真情真穴之地可以出三公之类的高官。”这是老龙作地之征。又说：“龙尽砂朝水局会聚，有穴端然能成富贵。”这是尽龙作地之征。

所谓堪安，是指寻龙、捉脉、定穴不必拘泥于尽龙，但有穴情融结之处，都可安扦。世间的时师常说：“龙尽气钟，福禄无穷。”又说：“初龙、中龙作穴总是枝龙，即使发福也不会长久。”这些都是小人之见、外邦人的胡扯。郭璞公说：“龙尽下到平洋之地，砂水尽情飞扬。坪中空作穴，自己被杀，国家也要灭亡。”又说：“尽龙山势刚，没有形号称老椿”。又说：“面前砂水都吉祥可爱，里面的山水都是反背不好，老椿无化入干水之源，立刻就能见到败亡凶悔之事。”又说：“砂不乱湾，弯则气聚；水不乱回，回则气止。”《疑龙经》说：“君如寻尽了干龙，两水相交穴又受风。风吹水劫都不能成穴，君寻查到这里应该怀疑龙的好坏了”。又说：“尽龙、初龙的穴都是一样的，藏风聚气就堪地安扦，如果还有一项不周全，不成规矩法度，妄自裁穴，实在是十分狂妄。谁要是受中这个全局，得到富贵荣华是不用勉强的。”

研习堪舆的学者，在这里就可知道，一定要从砂环水聚之间堪地扦穴，何必非要尽龙之地。

倒杖作法乘生气

夫扦穴之法度有九种：一星峰，二主顶，三结作，四脱落，五穴情，六交合，七穴法，八雌雄，九聚会。尽此九法，则穴无余蕴藏矣。节直落，浮起如芦鞭，如水筋，其性柔，水也。细述如下：

一星峰者：金圆、木耸、水曲、火尖、土平也。

二主顶者：正来斜下，防窜。斜来正下，防偏。直来横下，防过横来直下，防急。

三结作者：尖，形锐、性炎，属火。圆，形端、性刚，属金。直，形长、性坚，属木。横，形方、性和，属土。动，形细、性柔属水。静，形粗、性硬，有动处可下。

四脱落者：贯顶则星体不明，多卸火木，缓可剪，而急则弃取柔，侧落气偏，或聚左右，有明堂朝应可下。乳圆而上小下大如垂囊，如悬胆一其性刚。梗尖硬而直，如悬针，如刺竹，其性刚，木也。块突起，如臬拳，如覆碗，其性刚，金也。苞平过，涌起如棱肚，直垂如鸡心，如气泡。珠相连如水如鱼泡，其性柔，开口如苎刀，如蚌窝；其性柔。吐舌利，如茅叶，如蜗角，其性刚：尖脉峻而雄急，当取其缓；圆脉柔，而雌缓，当取其急。窟中窟，是珠窟中窟，是虚。突中窟，是聚。突中突，是硬。浮露而隐，节苞、块乳是也隐而露，开口、枧槽是也。

五穴情者：天心主顶也，防峻露，饱中取饥。防坑陷，饥中取饱。防块突罗纹，穴中有微茫影响，断气沉在下续气浮在上。走闪，走者，或出或没，似有似无。闪者，正来斜出。转，水随脉落者顺，为转，主凶。脉随水落者逆，为跌，主吉。中脉贯顶门正求法也。侧合，气从耳入，架折法也。生脉，活动为生，则气聚死脉，粗蠢为死，则气散。急来，势直硬，而静者为阳，宜粘。缓来势软慢而动者，为阴，宜撞。聚：是须、蟹眼，送水三叉，气不散行。散：绷面、鳖网，入穴不合。强：脉尖利出嘴，如剑脊、如襟角、如草团，如覆箕，为强，为阴。弱：脉软如乱珠、如滴乳、如蚌窝、如苎刀，为弱，为阳。顺：脉随势下，为顺。逆：脉随势反，为逆。

六交合者：阴多阳少，宜凑。阳多阴少，宜傍檐。片阴片阳，平分，就阳处下阳衰阴盛，则就阴。阴衰阳盛，则就阳。独阳不生，无送水，不扦。孤阴不成，无界合，不葬。阴阳相半，则就中。厚生、薄死，宜就厚。厚死、薄生，宜就薄。上阴下阳，则就阴。上阴下阳，则就阳。

七穴法者：来龙起祖降势，星峰相生者吉，相克者凶。入路来龙迢迢，无水冲风射者，吉。反此者，凶。刚柔者，阴脉急硬为刚，阳脉软缓为柔。证佐者，有龙有穴，为证。有砂有水，为佐。必要龙、穴、砂、水俱全，谓之有证佐。小聚者，护送适宜，龙虎抱卫，宾主趋迎，是为小聚。大聚者，护卫重重，龙尽气钟，回砂逆水，明朝暗拱，堂局周正，官鬼同情，是为大聚。应乐者，是化生脑为主，后有托乐，鬼撑有名，前有朝迎，特向有情，左右掩耳，带官带曜，斯为吉也。宾主者，朝案为宾，龙脉为主；朝案必须奇特，龙脉要分阴阳。关锁者，大者为关，如华表、捍门是也。小者为锁，如罗星、禽曜是也。护送者，附近为护穴，随从为送龙。

八雌雄者：得度、三叉合水。失度，无合无分，左右水交合会，局合三阳，合法度者，名“雌雄交度”。不合法度者，名说：“舛错流离”。吉凶之判，肇于此矣。

九大聚者：大八字分襟也，小八字合角也。仰体属阳，要覆作。覆体属阴，宜仰作。二荫者，乃掩耳之山也。何子说：“左右不受风吹，富贵穴中第一。”三奇者，上中下三停穴也。四平者，前后左右也。十字者，天心十道也。俾法者，阳交山关，阴交水合。四备者，龙、穴、砂、水之俱全也。腾漏者，左右空缺，而不藏风；脉息不明，而无生气。崩破者，四面不包，八风吹穴也。

认脉有八病：

1、如鱼胞非泡。

2、如葫芦非乳。

3、透顶出脉非梗。

4、如竹不起顶非节。

5、串不明非珠。

6、圆而有脊非块。

7、脉粗大非气。

8、流动出脚非转皮。

认脉有七凶：

1、贯者，透顶出脉，星峰无头，两畔漏槽。

2、串者，层叠直来，气脉不动。

3、露者，脉出于口，或左或右，抽拔不均，足下偏重。

4、绷者，平面无脉，如肌肉之横生，若张屏之壁立，虽非饱而拥肿，鳖背、判官肚之类，因无体势，又无界合，故有此议；以其无一定受穴之场而无生气之可乘也。

5、断者，落无迹而起无势，起落皆无星峰，峡直长，又无束气，故崩断者，为斩。

6、不分者，入首无大小八字，名之说："受煞"。

7、直长者，为硬死，为"吐煞"。

已上皆言穴中之所当忌，一点不慎，必招咎矣。

大凡看地，峡中可以验地之大小，祖宗可以证地之贵贱，入首可以征祸福之轻重。凡立穴之贵贱，有以龙取者，有以穴取者，有以砂水取者，有以年命说时取者。

四神高则用天穴，四神低则用地穴，四神平则用人穴。所见之山皆拱所见之水皆眷恋。若脱气脉，穴为有木根、水蚁，多主败绝。风入翻棺已水冲覆尸。倒杖者，必先立一杖，然后可倒。范越凤说："杖不难于倒，而难于放；局不嫌于不正，而嫌其不生旺；水不嫌其不朝来，而嫌其不静定"。《杖法真诀》说："正来正受，当用顺杖，而无气冲脑散之弊。势雄耳受，当用逆杖，而有挨生傍死之辨。缓来急受，当用缩杖，而有压煞就生之义。势急就气，当用缀杖，而有脱龙就局之名。势硬横受，当用开杖而成斗斧之状。势涌斜受，当用穿杖，如有穿针之势。平中寻突当用离杖。开孤安穴，当用没杖。骑龙斩关，以截杖为最。无穴打开，以对杖为凭。

截荡立穴，用犯杖，名为斩关。挨煞贯顶，用顿杖，号“倒骑龙此十二倒杖之法度也”。

若夫作用，详见《铁弹子》，吾无赘也。若夫乘生气尽矣！着于《华华胥心经》，吾亦未及详言，而《流珠秘旨》言之至矣，尽矣！后之学者，尚当详味而采择也。

【白话点拨】

倒杖放棺，是风水术中乘生气的最后关键一环，要形好势佳，葬法一误，则前功尽弃。郭璞《葬经》所云“穴吉葬凶，悖尸同”即指此。是以立穴放棺，切忌伤脉离脉，深浅干湿不辨，高浅不可有分寸之违，否则不吉，有凶。关于扦穴的法度有九种：1 星峰；2 主顶；3 结作；4。脱落；5 穴情；6 交合；7 穴法；8。雌雄；9 聚会。用这九种方法扦穴就可以了。认脉有八病：

（一）如鱼胞，非泡；

（二）如葫芦，非乳；

（三）透项出脉，非梗；

（四）如竹不起顶，非节；

（五）串不明，非珠；

（六）圆而有脊，非块；

（七）脉粗大，非气；

（八）流动出脚，非转皮。

认脉有七凶：

（一）贯者：透顶出脉，星峰无头，两畔漏槽；

（二）串者：层叠直来，气脉不动；

（三）露者：脉出于口，或左或右，抽拔不均匀，足下偏重；

（四）细者：平面没有脉，像肌肉横生，像张屏壁立，虽然不饱显臃肿，像鳖背、判官的肚子之类，由于没有体势，又没有界合，所以有这些说法，因为它没有一定受穴的场所，也没有生气可乘；

（五）断者：落没有迹象，起又没有势，起落都没有星峰，峡直长又没有束气，因此崩断者为斩；

（六）不分者：入首没有大小八字，称为“受煞”；

（七）直长的为硬死，称为脉有七凶。

大凡看地，峡中可以验地的大小，祖宗可以证地的贵贱，入首可以征祸福的轻重。凡是立穴贵贱，有以龙来取，有以穴来取，有以砂、水来取，有以年命说时来取。

四神高，就用天穴。四神低，就用地穴。四神乎，就用人穴。所见之山都拱揖，所见之水都眷恋，如果脱气脉，穴内有木根水蚁，多主败亡绝嗣：风入翻棺，水冲覆尸。倒杖，就是先主一杖，然后可倒。

关于乘生气的论可参看《华胥心经》，我在此也没有详细地讲，《流珠秘旨》讲的最，最全面最详尽。研习堪舆的学者，应详细品味，仔细选择。

高山平地总一般

此言造葬之法度，不越乎上文之言。夫平地高山其事虽异，而理则同，杨公说：“高山以藏风为贵，平地以得水为奇。”半山半平处，则二者皆要尽善尽美，斯名“阴阳交界处，富贵两无穷”。

夫阴阳二字，无处无之，论龙、穴、砂、水，则以龙穴为阴，以砂水为阳。若据以龙言，则覆掌为阴，仰掌为阳。盖覆者起伏，有星峰也。仰者，宽平而坦夷也。以入首而言，则“阴落有脊，阳落有窝”也。以穴法而言，化生脑为阴，而窝有气，为阳。

夫化生者，乃化气也，言龙无化气不成穴，古今之通论也。若夫正体星辰受穴，四面朝拱，关拦周备，或有檐，或有气坪，皆可安扦，主大富贵，禄位千钟，非等闲者之可拟也。《扦穴真机》说："龙要有正形，穴要有正星，砂要有正名，水要有正情。"又说："龙要来了来，穴要隈了隈，砂要堆了堆木要回了回。"又，《地理四病》说："龙怕孤单，穴怕寒，砂怕斜飞，水怕反；四者若还认得真，何须四处探枝干？"

"来了来"者，言其起伏，星峰不一而足也。

"隈了隈"者，言其包裹闭藏、藏风聚气也。

"堆了堆"者，言其星峰秀丽，面面朝拱也。

"圆了回"者，言其湾环旋绕，眷恋不舍也。

孤单者，无夹从也。"寒"者，不藏风也。"斜飞"者，情不顾也。"反"者，牵扯背去也。

言学者，果能习之，熟而认之，真合上文之四吉，远此言之四凶，则何患其富贵贫贱之不归吾一掌之中矣？所以说"夺神功，改天命"也，端为此也。此言"平地高山总一般"者，高山未必不得水，平地未必不藏风。时师说："高山不论水，平地不怕风。"假造谬言以惑世人。

夫高山之地比扦平地者尤为难，虽是有形有势，亦粗中脱嫩之象，四面关拦，犹为紧要，若有毫发空缺，见祸如神，翻棺覆尸。局有中阳、内阳、外阳，俱要会聚，否则立见败亡，所以说："高山未尝不论水，平地尝不论风。"

若夫扦平地之法，先以降势为根本；《地理明义》说："高山落平看一落头，形势分明气必聚。前形尽处砂水交，聚气藏风真富贵。"又说："无来切莫认脐口，界合不明真气走。水蚁之患此中生，外从不回溅虚谬。又说："脱龙离脉凑堂气，半真半假看形势。形势不明枉费心一必须砂水真情意。又说："砂不回时水不转，此名散乱无生气。"此扦平洋之法度也。

【白话点拨】

这里是讲造葬的法度，不超过上文所说的范围。平地、高山事物虽然不同，但道理都是一样的。杨公（杨筠松）说："高山以藏风为贵，平地以得水为奇。"半是高山、半是平地的地方，这两方面都要尽善尽美，即是"阴阳交界处，富贵两无穷"之意。

阴阳二字，无处不有，论述龙、穴、砂、水，则以龙、穴为阴，以砂、水为阳。如果只以龙言，贝覆掌为阴，仰掌为阳。因为覆是指有起伏，有星峰，仰是指宽平坦夷。就入首而论，则是"阴落有脊，阳落有窝"。就穴法而论，则是"化生脑为阴，窝有气为阳"。

所谓化生，就是指化气；说龙没有化气不能成吹，这是古今的通论。关于正体星辰受穴，四面朝拱，关拦周全齐备，或干有毬檐，或者有气坪，都可安扦，主出大富贵禄位千钟之人，不是等闲之辈能够找到的，《扦穴真机》说："龙要有正形，穴要有正星，砂要有正名，水要有正情。"又说："龙要来了来，穴要隈了隈，砂要堆了堆，水要回了回。"又有《地理四病》说："龙最怕孤单，穴最怕寒冷，砂最怕斜飞，水最怕反背。"这四个方面如果全都辨认清楚，何须再四处探寻龙的枝与干呢？

"来了来"，是说其起伏，星峰不一而足。"隈了隈"，是说穴包裹闭藏，藏风聚气。"堆了堆"，是说其星峰秀丽，面面朝拱。"回了回"，是说水湾环回绕，眷恋有情，不舍离去。

所谓龙孤单，是指龙没有夹从。所谓寒，是指穴不能藏风。所谓斜飞，是指砂不顾情而离去。所谓反，是指水牵扯背去。学者如果真能钻研学习它，并且熟练地认出上文的四吉，避开这里所讲的四凶，何愁富贵贫患的判断不归我一掌之中呢？因此说："夺神功，改天命。"说的正是这种情况。

这一节所论述的"高山平地总一般"，高山不一定不得水，平地不一定藏风。时师说："高山不论水，平地不怕风。"这是假造荒谬之言，用以迷惑世人。在高山上扦穴比在平地上扦穴更难，虽然是有形有势，也有粗中脱嫩之象，四面关拦，尤为重要。

如果四面有毫发一样小的空缺，就会立刻招来祸患，翻棺覆尸。局势中有中阳、内阳、外阳，都要会聚。否则，立刻就会见到败亡之祸。因此说："高山未尝不论水，平地未尝不轮风。"关于在平地扦穴的方法，首先应以降势为根本。《地理明义》说："高山落到平地要看落头，形和势都分明，气必定会聚。前行尽处砂水交会聚气藏风，出人富贵。"又说："没有来切不要辨认脐口，界合不明真气不存。水浸蚁食之患就在此中而生，外面相从的山峰不回头就成了虚谬之穴。"又说："脱龙离开了脉凑近堂气，半真半假要看形和势，形和势不楚明了就是枉费心机，必须要见到砂水是真情真意"又说："砂不回头水不会绕转，这种情况为散乱没有生气。"以上所讲，是关于扦平洋穴的法度。

心法流传无巧妙，九十八字大机关。

此言以上，皆吾术传受之心法。至今凡得诀者，名为地仙，非人仙也，乃心目之仙也。不得乎是者，名曰盲师、瞽叟，以其心目之不明也。所以说："若得明师传真诀，亦可称为陆地仙。"然真诀亦无甚真，巧妙亦不外乎此九十八字，所以说"大机关"也。

此九十八字为入地理之门路，一毫不遵，则非其学矣！巧学之至精至微之处。夫天下之山，犹人之面，未必皆同，但稍有异。必当即地以融会其成法，以勉然而会诸自然，以人为而契诸天命。凡有所作，天人孚合，此之谓巧。

世之愚夫俗子，不必求明师，不必寻真诀，以经书糟粕为师，以一己之肤见为巧妙，以强受心法为真诀，是之谓不读书而考科第，处穷庐而谈国政，将入土而言仙道者无异矣！所以说："哑子诵经文，聋人辩音律"，非因依不能自欺者之罪。及至蹈败亡，抵死应无悔。不明是与非，盲者瞽之对。举世皆狡奸，不认心自昧。造葬事不轻，闻之成惴怕。学者于此，当自省也。

【白话点拨】

这段话所说的都是我的相地术心法。到现今为止，凡是得到以上真诀的就可称为地仙，不是人仙，没有得到以上真诀的叫作盲师、瞽叟，因为他们的心目不明，因此说："如果能得到明师传授的天机真诀，也可称为陆地仙了。"但是，真诀也没有什么特别巧妙的地方，不过是以上九十八个字而已，所以把以上九十八个字称为"大机关"。

这九十八个字是入地理学的门路，如果有一丝一毫不遵行，那就不是真才实学。智巧的人学习它，达到至精至微之境界，使古人的良苦用心浑化于自己的心曲之间，天下的山就像人的脸面一样，不一定都相同，只要稍微有些不同，必须应该就地融会以成法度，用努力来附会自然，用人为来契合天命。凡是有所作，能达天人合一，这就可以称为巧。

世间的愚夫俗子不去拜求明师，不去寻找天机真诀，以糟粕极多的经书为师，把一己肤见作为巧妙之识，把强受的心法当作真诀，这种种情况和不读书想去参加科考，身处穷庐却大谈国家政务，将要入土却去说仙道的长短，没有什么两样。因此说："哑子诵经文，聋人辨音律。"及至蹈败亡抵死应无悔。不明是与非，盲者瞽之对。举世皆狡奸，不认心自昧。造葬事不轻，闻之成惴怕的样子。研习堪舆的学者，在这里应当好好反省一下。

天星心法

河洛相加奇偶净

黄石公说："一阴一阳谓之道，一动一静谓之气，一往一来谓之运。河者，河图也。洛者，洛书也，河洛相加得数之奇者为净阳，得数之偶者为净阴。夫天干加临则又必因纳甲方数，以证其净阴净阳也。如河图之干南、坤北、离东、坎西、兑居东南、巽居西南、震居东北、艮居西北，世人不明至理，而以先天名之。如洛书之离南、坎北、震东、兑西、巽居东南、坤居西南、艮居东北、干居西北，世人不知其义，而以后天名之。不知道洛书以正与河图相合以开天地。

先天之乾，后天之离，共得七数，奇也。是乾为净阳，乾宫纳甲，故甲因之而属阳。先天之兑，后天之巽，共得八数，偶也，是兑为净阴，兑宫纳丁，故丁因之属阴。巳丑合兑亦因之而属阴。

先天之离，后天之巽，共得九数，奇也，是离为净阳，离宫纳壬，故壬亦因之而属阳。寅戌合离亦因之而为阳。

先天之震，后天之艮，共得十数，偶也，是震为净阴，震宫纳庚，而庚亦因之而属阴。亥卯合震亦因之而为阴。

先天之巽，后天之坤，共得十数，偶也，是巽为净阴，巽宫纳辛，故辛亦因之而属阴。

先天之坎，后天之兑，共得九数，奇也，是坎为净阳，坎宫纳戊，而戊亦因之而属阳。申辰合坎亦因之而为阳。

先天之艮，后天之乾，共得八数偶也，是艮为净阴，艮宫纳丙，而丙亦因之而属阴。先天之坤，后天之坎，其得十一数，奇也，是坤为净阳，坤宫纳乙，而乙亦因之而属阳。

夫净阴净阳遵用先天而遗后天者，何也？盖先天为父，后天为母，子当从父姓而不从母也，以其先天后天加临奇偶之数，故名净阴净阳，非若他阴阳之可比也。

【白话点拨】

主要讲解河图洛书为先后天锁定，两者相加，奇数则为阳，偶数则为阴的道理，并引用黄石公说："一阴一阳之谓道，一动一静之谓气，一往一来之谓运。”阐明净阴净阳遵用先天而遗后天，这是为什么呢？因为先天为父，后天为母，子应当从父姓而不从母姓，以其先天、后天临奇偶之数，因此称净阴净阳，并不是其他阴阳可比的。

金轮五兆两循环

杨公说：“先看金轮动不动，次看血脉认来龙。”又说：“阳从左边转，阴从右边通。”曾文迪注说：“金轮者，祖宗之降势也。”若夫有祖有宗而降势合法度，是之谓金轮动处见天机。若无祖宗又无降势，又不合法度，是之谓金轮不动成虚伪。次看血脉者，言龙之行度，自祖宗出脉以至入首，自然畅茂条达，断而复连，伏而又起，大则特小，小则特大。凡有踪迹必合法度。来龙者，言到头也。凡若此者，虽由八卦相维持，必有五兆为运用。

五兆者，五行之妙用也。循环者，如乾一变而为巽，再变而为艮，三变而为坤；坤一变而为震，再变而为兑，三变而为乾。若夫坎离中男中女，间乎三者之间而成八卦，重之而成六十四卦，每卦之中必有五行，所以说：卦者，体也。五行者，用也。如金生水，水生木，木生火，月生土，土生金。又如金克木，木克土，土克水，水克火，火克金之类，是循环而无端，周流而无滞也。管子说：“金轮者，无极而太极也。”五兆萦行者，是穴内分经之妙用也。夫卦兴五行而相会合，萃集于一穴之中，斯成大地。

《玉尺经》说：“用主山坐下向首，及山水来去方位，便可以知地运之消长。用九宫、八卦、旺相、胎绝、体囚、死废，便可以知天运之消长。用存亡人生命年月日时，及立宅安葬年月日时，便可以知人事之消长。”此古今之通义，造化之枢纽也。世人不知此义，而妄为之者，非吾徒也。所谓轮，旋转之谓，以金来命名，因为金为至贵之宝，百炼而不变，以金色来比喻，是其法度虽历经千万年而不变。

所谓五，是指中央土，用土来定名，是其法度至中至正，没有什么偏倚。所谓兆一是指动止发见之端，是说先天先地，后天后地，运气的源流，人物的消长，没有一个不是由此开始的，兆是机妙的来源。所谓两循环，是说吉凶之应，只有从这里先知道，而悔吝的征兆，关乎吉凶，因此才这样讲。

【白话点拨】

杨公说："先看金轮动不动，次看血脉认来龙。"又说"阳从左边转，阴从右边通。"曾文迪注释说："所谓金轮，是指祖宗的降势，有祖有宗，降势又合法度。"好的金龙降势行度自祖宗至入首自然、畅茂、条达，有踪迹，合法度。其中五行循环的妙用道理在内起作用。

世间之人不知道这些道理，而妄自为人扦穴的都是徒劳。所谓真正的法度虽历经千万年而不变。

四龙剥换名专一

四龙者，乾坤艮巽之四龙，而统括乎二十四位之山向也。世之庸师执泥《催官篇》而无真传，妄注以巽艮兑亥为四龙者，是不明作者之心法也，而贵阴以贱阳也。盖阳为君子，当亲；阴为小人，当远。何以见之？知道净阴净阳的秘旨，阳居四正之位，阴居四维之位。世情以贵阴贱阳，其为小人而怕见其君子，所以有此弊端。

《催官篇》说："绝病衰乡为福薄，死墓混杂家流难。"又说："临官生旺胎养墓，不须更论阴阳比。"此言从龙临衰病绝方面来者，故凶；若从死墓方来者，则尤凶也。若从长生、临官、沐浴、帝旺、冠带、胎、养方来者，则吉。此言阴阳者，即净阴净阳也。

比者，比合也。言不必拘于净阴净阳，龙不必要净阴，亦不必要净阴穴并砂水也。学者于此，必求生旺，无蹈休囚之谓也。若夫固执净阴净阳者，则无生旺兴衰休囚之定矣，所以说："龙、穴、砂、水俱生旺，富贵无相尚。若遇休囚主凶，退败更贫穷。"夫言龙、穴、砂、水，不用五行，将何以起遁而征其生旺休囚乎？又说："四龙剥换为上地，卦变三两皆为稀。"又说：一卦独行为专一，其理亦将安从出?"其遁亦将安从起乎？

《玉辂经》说："每龙成六合，专一无生克，变卦皆相生，得法应科名。"如乾甲丁三合，亥卯未亦三合也，皆属木，则生在亥，乾亥甲卯丁未同一卦也，故名双山。惟其乾管五龙，是五龙皆宗乎乾，故以乾名。而坤壬乙三合，申子辰三合，皆属水，而生在申，坤申壬子乙辰同一卦也，故名双山。惟其坤管五龙，是五龙皆宗乎坤，故以坤名。而艮丙辛为三合，寅午戌亦三合，皆属火，而生在寅，艮寅丙午辛戌同一卦也，故名双山。惟其艮管五龙，而五龙皆宗乎艮，故以艮名，如巽庚癸三合，巳酉丑亦三合，皆属金，而生在巳，巽巳庚酉癸丑同一卦也，故名双山。

惟其巽管五龙，而五龙皆以巽为祖宗，故以巽名。四龙而不言土，盖土寓乎四者之中，而没有一方无土也，宜其相生而忌其相克。廖金精说："一节相生一节贵，旺相官禄位。"又说："一节克害一代穷，退败绝无踪。"剥换者，变化也，言龙之行度，脱胎换骨，不离乎本卦，是名专一。而剥换若入乎他卦，相生者吉，相克者凶。一节管一代者，若一节相生则知一代富贵，若一节克害则知一代贫穷，甚至败绝。经说："山推退运。"这个道理。学者于此，宜究心也。

【白话点拨】

作者的理气心法。所谓四龙，是乾山、坤山、艮山、巽山这四山，统括在二十四山向之中。世间的庸师执泥于《催官篇》而没有得到真传，妄加注释，把巽、艮、兑、亥当作四龙，是不明白作者的心法。妄称贵阴而贱阳，阳为君子，应当亲近；阴为人，应当疏远，何以见得？知道净阴净阳的秘旨，阳居四正之位，阴居四维之位。世情以贵阴贱阳，其为小人而怕见其君子，所以有此弊端。

惟其巽管五龙，而五龙都以巽为宗，所以用巽命名四龙不言土，因为土寓于四者之中，没有一方无土，宜其相生而忌其相克。廖金精说："一节相生一节贵，旺相官禄位。"又说："一节克害一贫代穷，退败绝无踪。"所谓剥换，是指变化，讲龙的行度脱胎换骨。不杂乎本卦称为"专一"，而剥换如果入于他卦，相生则吉，相克则吉。一节管一代，如果一节相生就知道一代富贵；如果一节克害，就知道卜代贫穷，甚至败亡绝嗣。经说："山推退运。"讲的就是这一道理。研习堪舆的学者对于以上所述，应该仔细研究，得到真传，为人类造福。

四局萦回问静湍

李子说："四局者，言向也。"丙丁乙酉原属火，乾坤卯午金同坐。亥癸申是木神，戌庚丑未土为真。子寅辰巽辛兼巳，辛与壬方是水神。来宜生旺，去要休囚，一或反此，灾害临门，此元空五行之法度也。

四局者，水土长生在申，金生在巳，火生在寅，水生在亥，其发源之处宜其生旺之方，其流去之处必于休囚之方，斯名为吉，否则成凶。然其来去之方皆要屈曲，若夫明堂必要静定，其情如湍湍之水，每有眷恋，不忍离去之。若明堂不静，虽生旺方之来，休囚方之去，亦何益哉？学者不可不知也。

【白话点拨】

研习风水的人不可不知，玄空五行的法度所讲丙、丁、乙、酉原本都属火，乾、坤、卯、午皆属金，癸、艮、申皆属木，戌、庚、丑、未皆属土。子、寅、辰、辛、巳、壬皆属水。来要生旺，去要休囚，反之，则会灾害临门，所谓四局都是讲立向的，其发源之处宜其在旺之方，其流去之处必于休囚之方，都要屈曲。明堂必须要静定。水有眷恋，有不忍急速离去之意。假如明堂不静定，即使是从生旺方而来向休囚方而去，又有什么好处呢？

山上龙神不下水，水里龙神不上山。

此亦承上文而言。双山当用之于山，而不可用之于水。玄空当用之于水，而不可用之于山。

人问说：何为双山？玄空一种以折山为主，一种以向首为主，其何故哉？答说：龙之行度难以成一线，故以双行说，周流不息，无方不至，故当三合是双者，龙之度合者，龙之节此乃到头向首，两相照应最关利害。若夫行度节数，尤系兴衰，不可不慎！若夫元空者，元以水名，空以流名，言既得龙与向之乃吉，则龙穴已驻于中堂而不复出矣，故因向以证水之去来，双山以龙与向言元空，以向与水言也。

问说：龙以神言以其有变化也，而水亦以神言，何也？答说：活动有情者，神也；直硬无情者，鬼也。水若直硬则冲胸射胁。而所谓神者，以其屈曲湾环也。又说：以往而不泄潴而后折，盖欲来方生旺为有神，来若休囚为无神，盖神者亦因其有变化故立名也，所以说：山龙不生旺，则人丁不兴隆；水神不生旺，则钱谷不丰盈也。诀极验而感召之机捷于影响，切戒！术者不可轻以语人。学者于此当深戒！当宜宝之！秘之卜、当加宝重也。

【白话点拨】

这里是承接上文而言，是到头向首，两相照应，最关祸福最关厉害关于行度节数尤其与兴衰关系密切不可不慎重行事。山龙不生旺，则人就不会兴隆；水神不生旺，则钱谷就不会丰盈，此真诀极验！而感召之机，捷于影响，很快就会有反应，切戒！知此术者，千万要谨慎，不要轻易传给别人。

乘气加挨毋差错

杨公说："若还差一指，如隔万重山。"甚言其不可差也，所以说："临穴若还差毫发，贫富兴衰指掌间。"乘气者，乘生气也。隔宫为加，邻宫为挨。夫乘者因也，因其有是龙，因其有是脉，故因之而受，是穴因其有生气，因而乘受之，而纳之于枯骨。然生气非有所作为而用力于其间，实天造地设自然之运用，而吾人因而扦之，以纳是气入于枯骨之中，则以气感气以形召形，而致鬼福之。及人鬼者，阴也。人者，生人也，实非枯骨能生人，其实山川之真气荫于一棺，而生人致福也。

先师诫人，加挨之法度，切不可差一指者，盖发生致死之气，只争毫发之间者，若一舛错则福祸未可料矣。设或有人不知法度而亦能致福，或有人竭其力而反致祸，此可以见气运之盛，积善得吉扦，积恶逢凶葬。非人力之能为，实天命之使然也。如积善之家，虽盲师亦偶合其法度；积恶之家，天必使之慢明师而亲狡叟，虽明师当其所事而亦不为之用心，以致分金作用之差讹。吉地葬凶，与弃尸同。但世狡子从事以凡人私欲登天，故狡叟因机以投其隙，隧致败亡。端由是也。

【白话点拨】

本段指出所谓乘气，是指乘生气。穴因它有生气，因而乘受之，纳之于枯骨之中。因为用之真气荫及一棺，而生人可招致福禄。加挨的法度，不可有一指的差误发生致死之气，只在于毫发之间，祸福难以预料，这些都是积德积善而招致吉扦，积恶积凶而招致凶葬。引杨公说："若还差一指，如隔万重山。"这里是强调点穴不可有差误。所以说："临穴若还差毫发，贫富兴衰指掌间。"

合明合德建禄官

人们常说："明者，日月也。德者，天地也。合明者，应纳甲也。合德者，土圭地罗也。"鬼谷子说："阴阳之道，与日月合其明，与天地合其德，与四时合其序，与鬼神合其吉凶。"今地理之道，诚本诸此。

夫合一以纳甲，言日则一日一周天，常不损其明，月则一月一周天，每有盈亏之象，故纳甲因之。初三，哉生明，昏见庚方，下生一阳，其象震，故震宫纳庚。初八，昏见丁方，下生二阳，其象兑，故兑宫纳丁。十五，昏见甲方，三阳盈满，其象乾，故乾宫纳甲。十八，哉生魄，晨见辛方，下生阴，其象巽，故巽宫纳辛。二十二，晨见丙方，下生二阴，其象艮，故艮宫纳丙。二十九，晨见乙方，三阴遍满，阴魄韬光，其象坤，故坤宫纳乙。若夫消灭之朕兆皆由此为机微耳，故震庚以坤乙为消灭，兑丁以震庚为消灭，乾甲以兑丁为消灭，巽辛以乾甲为消灭，艮丙以巽辛为消灭，坤乙以艮丙为消灭。若夫坎离自相消灭，此消灭之道，皆阴阳爻象消长之理也，所以说：盈亏之轨度，朓朒之机关，皆于此而发动也。故壬子属复，癸丑属临，艮寅属泰，甲卯大壮，乙辰属夬，巽巳属乾，丙午属姤，丁未属遁，坤申属否，庚酉属观，辛戌属剥，干亥属坤。

若夫正月，日在室一星，昏参中，旦尾中，日月会于娵訾之次，律建太簇。二月，日在奎中星，昏张中，旦心中，日月会于降娄之次，律建夹钟。三月，日娄中星，昏星中，旦牵牛中，日月会于大梁之次，律建姑洗。四月，日在昴中星昏翼中，旦女中，日月会于实沈之次，律建仲吕。五月，日在参中星，昏亢中，旦危中，日月会于鹑首之次，律建蕤宾。六月，日在东井中星，昏火中，旦奎中，日月会于鹑火之次，律建林钟。七月，日在张中星，昏娄中，旦毕中，日月会于鹑尾之次，律建夷则。八月，日在翼中星，昏张中。旦觜中、日月会于寿星之次，律建南吕。九月，日在角中星，昏虚中旦柳中，日月会于大火之次，律建无射。十月，日在房中星，昏危中旦星中，日月会于析木之次，律建应钟。十一月，日在箕中星，昏壁中，旦轸中，日月会于星纪之次，律建黄钟。十二月，日在斗中星，昏娄狗中，旦氐中，日月会于玄枵之次，律建大吕。南北二政自兹分矣。合德者，即内盘之土圭与外盘之地罗相生相合也。内盘三位，其一宫只有八气，从八方，此之谓也。如壬子癸，其一坎也，丑艮寅其一艮也，甲卯乙其一震也，辰巽巳其一巽也，丙癸丁其一离也，未坤申其一坤也，庚酉辛其一兑也，戌乾亥其一乾也，分列八卦。

《混元子》说：“八卦定位以正坤道之舆图，是名土圭。”夫土圭者，非时人之所谓合戊己二土以成圭也。盖八方皆有土，故辰戌丑未属土。四维之下惟乾坤艮巽可受其寄，余则莫之能也。夫乾巽属戊，艮坤属己，加戊己于乾坤艮巽之上，则十干全矣。隶附八支八干于八卦之余，则舆图定矣。时人又以戊寄坎，己寄离，是亦纳甲之言，非此之谓也，而此言土圭者，信矣，一定而不可移易之谓也。然即此而观则地又一定不可易之位，若夫地罗者，两位共一宫如壬子共一子也，癸丑共一丑也，艮寅共一寅也，甲卯共一卯也，乙辰共一辰也，巽巳共一巳也，丙午共一午也，丁未共一未也，坤申共一申也更庚酉共一酉也，辛戌共一戌也，乾亥共一亥也。此即土圭而言，壬者子之初，子者子之正也。故惟天有十二宫，辰上言土圭者所以测地，此言地罗者所以测天。土圭针分子午为地之中，地罗针分子午为天之中。土圭居内，地罗居外，因以证天包地。之外，地在天之中，内外皆正，而何有正针、缝针以异名哉？土圭之下，七十二候以应人事；地罗之下，二十八宿分金划度以应天运，循环不息。盖由运用不穷与地每相殊错，故有寒暑灾详古人亦因其法度以定一岁之造化，俟其一周而岁功成矣。吾术内盘步龙所以说：“龙从地下来。”外盘立向，所以说：“向从天上立。”二者两想依附，相为表里，而本不相离，世之愚夫不得古人之心法，妄称之说：“阴阳无二致，罗针无两盘。”是岂知天以动言，地以静论。造化之功用，岂一盘所能尽哉？天以阴阳化生万物，地以五行栽培庶类。测天测地，古有成法，而寻龙立向，各有定规，岂未学之所能言哉？郭璞公说：“内盘问龙，外盘问向，休用并行，运气周匝。”

《灵源经》说：“内立八极，以统八方之龙，七十二候以应地实也，上列十二以运周天之次，百二十刻以应天虚也。星躔列舍，名属五行，宁与度和，毋合度克，度若克龙，名为伤胎，主绝。命受度克，名为刺穴，主败。差之毫厘，失之千里，可不慎哉。《玉匣经》说：“河图课龙之行度，生则进，不生则退。洛书证穴之忌，宜合则吉，不合则灾。双山论入首以征穴，生则福而泄则劫。元空论明堂局之来去，旺则佳而休则凶。”《地理秘诀》备载于兹，智者尊也愚者昧耳。然亦有凶中之吉，而亦有吉中之凶，吉太过则反凶，凶不及则化吉，其法度皆本乎生克制化，以为机关，学者于此，宜潜心也！

【白话点拨】

人们常说：“所谓明，是指日月；所谓德，是指天地所谓合明，是应纳甲；所谓合德，是指土圭地罗。”鬼谷子说：“阴阳之道与日月合其明，与天地合其德，与四时合其序，与鬼神合其吉凶。现今地理之道，诚本源于这些。”

所谓合其明，是按纳甲来说，南北二政自此而分合德，即是内盘之土圭与外盘之地罗相生相合。内盘三位，它的一官只有八分，气从八方说的就是这个。比如壬子癸共一坎卦，丑艮寅共一艮卦，甲卯乙共一震卦，辰巽巳共一巽卦，丙癸丁共一离卦，未坤申共一坤卦庚辛共一兑卦，戌乾亥共一干卦，分列八卦，一卦管三山。

除此之外，地在天之中内外都是为正，为什以有正针、缝针的不同？土圭之下，七十二候以定人事；地罗之下，二十八宿分金刻度以应天运。内盘步龙，所以说："龙从地下来。"外盘立向，所以说："向从天上立。"两者互为表里而不相离。愚蠢之人不得古人的心法，妄称之说："阴阳无二致，罗针无两盘。"哪里知道天以动而言，地以静而论。

测地测天，古人有成法：寻龙立向，各有定规，并不是没有学习堪舆术的人所能乱讲的。郭璞公说："内盘问龙，外盘问向，体用并行，连气周匝。"《灵源经》说："内立八极，以定八方之方龙，七十二龙以应地实，外列十二以运周天之次，一百二十刻以天虚。星躔列舍，各属五行，宁与度相和，不要与度相克，度克龙名为伤胎，主绝嗣；命受度克名为刺穴，主衰败。差之毫厘，失之千里，能不慎重吗？

洛书证穴之忌，宜合则吉，不合则灾。双山论入首以征穴，生则福而泄则祸玄空明局之来去，旺贝则佳，而休则凶。"地理学的秘诀，备载于兹，但是，也有凶中之吉，吉中有凶，其方法都是本与生、克、制、化，以此为机关，研习堪舆的学者对于这应潜心推究。

大中针内乘生气，三七二八相簇攒。

夫既得来龙之真正，然后自龙脉出一正线，又自坐向出一中线，又自知针出一附线，自三线交会之中而立一针，名叫："大中针"也。既立大中针已，或耳或脸或腰，乘正针之生气，或上为正向，下为加针；或下为正向，上为加针，三七二八自兹分矣。盖天地大衍之数，多以五以十为正数，今以十分之中，或上七则下必三，或上三则下必七，此耳受之例也。若上二而下八，上八而下二，此脸腰之例也。簇者，合万殊而同归一本也；攒者，聚众位而共入一棺也。必欲使其外藏八风内秘五行生气，中涵人家鬼神，断不可有毫发之差。

【白话点拨】

本段讲用针受气之法，立大中针，或者从耳朵，或者从腰里乘正针之生气，或者上面为正向。下面为加针；或者下面为正向，上面为加针，三七、二八自此而有分别天地大衍之数，以五、以十为正数，以十分之中，或上七则下必三，司者上三则下必七，这是耳受之例。如果上二则下八，上八则下二，这是脸腰之例。必定想使其外藏八风，内秘五行，生气中涵，法度为此，无非是想乘得龙气真切。而不使它有毫发的差错。

宝照中涵真造化，证盟透地与穿山。

管辂说："宝照者，鉴也。"东方朔有《浑天宝照经》，李淳风有《天元宝照册》，厉伯韶有《金函宝照赋》。盖宝照之立名者，无非所以发明理气之蕴奥耳，一名透天光，一名理气元龟，一名阴阳筌蹄，一名神钥鬼撮大都金函宝照者，言山川之性情也。天元宝照者，言运用之法度也。浑天宝照者，言星宿之吊替也。造化者，言天地之熏陶而化生，万物皆由。透地者，外盘六十龙也。穿山者，内盘七十二龙也。七十二龙而名虎者，以其风从乎虎。风附乎上者亲上，虽由自天而虎实地下之一物耳。以虎名者，以其合列宿而肇发生，盖由人生子寅也，吾师以合时宜喻之，亦由其人间有气运之不齐，当以躔度列舍而拟见之。六十以龙名者，以其变化不测也。二者相合，则是风云际会之一义耳。如甲子金龙，坐火度则克为伤胎，坐木度则吉而财，坐土度则富贵，坐水度则泄气而见祸坐金度则冲和而平稳。其余仿此。

【白话点拨】

管辂说："所谓宝照，就是镜子。"东方朔有《浑天宝照经》，李淳风《天元宝照册》，厉铂韶有《金函宝照赋》。宝照立名，无非是用来发挥阐明理气的蕴奥罢了，一名透天光，一名理气元龟，一名阴阳筌蹄，一名神钥鬼撮。《大都金函宝照》是讲山川的性情。《元天宝照》是讲运用的法度。《浑天宝照》是讲星宿的吊替。所谓造化，是指天地的熏陶而化生万物皆由此罢了。如果没有五行，何以辩之？所谓透地，是蚪盘六十龙。所谓穿山，是指内盘七十二龙。七十二龙穿山而称为虎，是因为其风从于虎，风依附于上面是亲近上面，虽然来自天而虎实际上是地面上的一物，用虎命名，是因为它合列宿而肇发生。因为人类生于寅，的师辈以合时宜来比喻，也因其人间有气运的不齐，应当从躔度列金而拟见之。六十以龙命名，是因为其变化莫测。两者相合，就是风云际会的意思例如，甲子金龙坐火度，相克就是胎伤。坐木度则吉，有财。坐土富贵。坐水度就为泄气而见灾祸。坐金度就为冲扣而且平稳。其余仿类推。

四神生旺方言福

四神者，非四兽，乃乾坤艮巽之四龙也。此言龙之来从生旺之方，才可以言福矣，如到头是乾亥甲卯丁未之木山，自亥方来者为长生，自丑艮方来者为冠带、临官，自卯来者为旺方，故亥龙惟喜廉贞火作祖宗也。自巳午未方来者为休囚，自坤申方来者为墓绝，即此可以明龙之美恶，而知福祸之应矣，岂不分乎！学者于此，必当尽心穷究其理义之渊源，毋为残忍，以致人于败绝也。

【白话点拨】

所谓四神，并不是指青龙、白虎、朱雀、玄武四兽，而是指乾、坤、艮、巽四龙（山），上文讲到乾坤艮巽统管二十四山，这里是说龙从生旺之方而来才可以言福。龙的美恶好坏和祸福的相应，都能区分开。

流泽休囚衣食难

流泽者，水之来去也。《锦囊经》说："朱雀源于生气，派于未盛，朝于大旺，泽于将衰，流于囚谢，以返不绝，法当一折潴而后泄，其斯之谓欤。"所以说：来宜生旺，去要休囚者吉；若来休囚而去生旺者凶。衣食难者，其言其穷乏之甚，而困苦之由也。君子于此，毋自昧也。

【白话点拨】

水的来去。宜从生旺方、去要体囚的为吉。如果来为体囚，去为生旺则凶，必定贫困而窘迫痛苦。衣食艰难，而且贫穷得十分厉害，这就是困苦的根由。

果能洞达真玄妙，天地移来掌上看。

言后之学者，若得明师之真传，孜孜翼翼，慎思明辨，使天地之运阴阳之理，洞然于心目之间，了晤于作用之际，一则祸福不必要之于天，而皆归吾掌握之中矣。邵子说："人能胜天。"端以此也。

【白话点拨】

这里是说后世学者，如果得到明师的真传，努力学习，必定能使天地之运，阴阳之理，洞察于心目之间，了悟于作用之际，那么人世间的吉凶祸福不必求于天命，而都归在我的掌握之中，自然造祸福。

克择心法

克择箕畴明运气

唐一行说："有是地则用，年月日时以佐之。世人不知此义，而妄以通行之年月日以应其选，殊不知"山家年月别有姓，不与时师说真定"。又说："运气相互应合交汇不可等闲视之，如有一丝一毫的偏差，就会波及到千山。"卜则巍子说："年月有一端之失，反为吉地之深殃。"又说："地吉葬凶，与弃尸同。"而年月者亦葬凶之一也。又说："山吉水吉而穴吉，何以多灾？岂知年凶月凶而日凶，犯之罔觉。"夫日时之不言选择而言克择者，何也？盖年月日时如人之生成造命之规矩也，八字吉则人富贵，八字凶则人贫贱，故造化之法度所始由此也。

人命以日干为主，地理之选择以脉穴为主，务要中和，不宜偏胜，故山命、墓命、亡命、生命与日时务必要相生，若得相生相旺则不必选矣。故于此间有相生者则致福，相克者则祸临，故人亦谓其有相克，故立此选择之门，此克择之名所由立也。然亦犹世人求福之心胜，故之是法。

箕畴者，洪范也，然五行有五种：出自河图者，名正五行，以定五方之定位。木宜于东，西受克，而受生于北水宜于北，南受克，而西受生。火宜于南，北受克，而东受生。金宜于西，南受克，而维受生。土宜于四维，东受克，而南受生。此以龙星用之而余则不用之。若洛书者，大五行以箕畴九域之象而合小天之数，吊入九宫入宗庙者，定其所属，是名宗庙五行。盖用箕畴而区画之九道，推迁九野，叠运而成，迭见之度上合天道，中合气运，下合地运，明各时运，幽合墓运，用之而为运用之本体。吊替神煞为选择之妙用。

若夫折山入首则当论以双山，夫双山者，乃二十四山三合而言之也。周望塞说："位位要相合，山山对不同，克害多零替，生旺位三公。"者此也。运气者天时也。

运有五，其气有六，五六会合以和箕畴，斯可谓善选择矣。

夫五运者：

甲己化土，乙庚化金，

丙辛化水，丁壬化木，戊癸化火。

六气者：

子午少阴君火司天，阳明燥金在泉。

丑未太阴湿土司天，太阳寒水在泉。

寅申少阳相火司天，厥阴风木在泉。

卯酉阳明燥金司天，少阴君火在泉。

辰戌太阳寒水司天，太阴湿土在泉。

巳亥厥阴风木司天，少阴相火在泉。

此之谓客气加临，若夫主气则春风木而夏相火。秋燥金而冬寒水，定不可移易者，惟此气运互相加临调和则吉，克害则凶。

【白话点拨】

"克择心法"，"选择心法"意义一样。都是理气选择方面。唐一行说："有是地则用是年月日时以佐之。"世间之人不懂这句话的意思，随便地用世间通行的年月日时以应其选择，殊不山家年月别有姓名和内容，不与师说明白。"因为年月、日、时好像人物的生成或造命的规矩，如果某人的八字吉利，那么其人就会大富大贵；如果八字为凶，那么其人就会贫穷低贱。因此造命的法度由此开始，人的命运以日干为主，地理的选择以脉穴为主，必须要中和，不宜偏胜。所以，山命、墓命、亡命、生命与日时务要相生，如果能得相生相旺，那么就不必选择了。但是，又难同于一例尽善尽美，因此于此间有相生的就能发财致富；有相克的就会灾祸降临，所以古人也说其有相两克，因而确立选择之门，这就是"克择"之名所立的来由。但是，世间之人寻求福禄的心情急切，而消除灾祸的意愿快速，所以才确立了这克择之法以和箕畴五运六气会合，就可称为善于选择了。

生克制化要精专

生者，相生也。

克者，相克也。

制者；因其有克不能全避，须用制法，如木受金克，用火以制之，是之谓母受其害，子当救之也。

化者，受害之深，力不能胜，当从其化，而同归于一途，则是因害以化害，而反致吉矣。要精专选择之法度，不外乎此生克制化之四字也。

四者之外，别无他道也。然生之太过则从化而成凶，克之太甚则从化而反吉，务致中和，斯名选择。若不问其所从来，而徒以山之墓运及亡者之空亡，而勉强合通行大葬之日期，是之谓舍本逐末，舍己从人，名虽选实际无选也。

夫选择者，先以山命为主，次合亡命。经说："山命合亡命，富贵天然定。又说："时日克山，百事凋残"又说："时日克亡，女死男伤。"此山命亡命为选择家之最紧要者也。若夫墓运空亡则为末节，所当次之，时师不明正教，弃山命亡命而论墓运及空亡，是缓者急之，急者缓之，不知选择之本者矣。

精者，谓用之纯熟，而括尽其精微。专者，谓从事专一，而那杂乎异端。如凡所用神煞，宜于造者而或忌于葬，宜于葬者而或忌于造，切不可概论，亦不可拘泥执一偏而不通融，盖生克制化者，正所以反凶而成吉。若用不如法，事不专精，则反吉利成凶，此理之必然也。

【白话点拨】

所谓选择的法度不外乎上述生、克、制、化这四个字而已。四字之外没有另别的方法。如果相生太过，那么就会化而成凶；如果相克过，那么就会从化而反成吉。必须使其中和，这就是选择。如果不问其所从所来，而徒以山脉墓运和亡者空亡来勉强合通行大葬的日期，这叫做舍逐末，舍却自己而盲从别人，名义上虽是选择了而实际上却是没有选没有择。

选择，应先以山命为主，其次要合亡命。选择之道达到纯熟之境界，从事专一而不掺杂异端之说。比如，凡是所用神煞适宜于竖造的，千万不要一概而论，也不可拘泥死板的教条，执于一端而不知通融，灵活运用。生、克、制、化，用得正确完全可以反凶而成吉，假如使用不合法度，不精不专，则会反吉而成凶，这是必然的结果。

煞不由吊与替，未来凶吉立相见。

吉名为神，凶名为煞。

夫神煞之名。各有所为，非苟立也，而神煞之妙用，实因吊替而成。吉神失地，不能助福，而反生灾。凶煞得时，其祸最大，其势尤雄。

经说："吉神得地能致福，凶煞失时不成灾。"又说："吉神受制，无暇福人；凶煞受制"。"《玉柜经》说："神煞吊替，祸福立成，不由吊替，成法何用？所谓未来者，将来之祸福也。所谓立相见者，言应速也。《神枢经》说："祸福之来虽天命之使然，实时日之感召也。"

【白话点拨】

神为吉祥的，煞为凶恶的。神和煞名称的确立，是各有所用的，不是乱你的。神和煞的妙用其实是依据吊替而成的。如果吉神失地，不仅不能助福而且反回生灾；如果凶煞得时，那么它所引起的灾祸最为巨大，而且其气势非常雄猛。经书上说："吉神得地能致福，凶煞失时不成灾。"又说："吉神受制，无暇福人；凶煞受制，自治不暇。"《玉柜经》说："神煞吊替，福祸立成；不由吊替，成法何用?"

所谓未来，是指将来的福禄和灾祸。所谓立相见，是说应验很迅速《神枢经》说："祸福之来，虽天命之使然，实时日之感召也。"研习堪舆的学者应深入思考这一问题，应有所启迪。

龙运变运不征伐，天命神功妙用全。

龙运者，非四十五龙之生运也，乃双山轮年之墓运。

变运者，洪范年年之遁运也。二运若相克则大凶，虽有吉日，终难免祸。二运若相生，虽不求吉，而自无不吉。

天命者，本然生成之气脉也。神功者，制伏之妙用也。

此言山水不能十全，或加培辟之力，或于穴中施作用之妙，或用一赞助之功。夫培辟之法度，详见《地理精义《铁弹子》，而穴中作用之巧妙，并时日赞以成功，详见《地理元枢·玉弹子》。如果能充分发挥其功效，必获吉矣。征伐者，相克害也。丘延翰说："龙运相生世代昌，运龙克害子孙伤。"又说："二运相生当富贵，二气相伤败绝亡。"

【白话点拨】

这里是说山水不可能十全十美，或者根据需要，要施加培土、辟土之功力；或者于穴中施加作用之妙法；或者使用时、日赞助的功夫培、辟的法度。如果真能充分发挥它们的功效那么一定会使吉利福禄降临。

帝星太阳压百煞，奇门不到亦徒然。

帝星者，非各位之帝星也，乃金符之帝座。太阳者，非诸位之太阳也，乃历数之太阳也。此言帝星与太阳同到，虽诸煞不敢逞其凶恶，人皆知之，而犹不能致福禄，反成凶害者，为何也？盖历数太阳忌见本土之宿，并六甲纳音之土木，帝星忌见太岁并寅虎之凶神。若奇门同到其方则助吉必矣，虽有所畏亦不必忌，所以说："奇门到位富贵兴，财禄应无穷。又说：奇助太阳门助帝，飞法交相济。"飞法者，返首天穴等吉也。

【白话点拨】

这里是说，假若帝星与太阳同到，虽然凶煞不敢逞凶作恶，却仍然不能导致福禄，反导致凶害，这是因为历数太阳忌见木上之星宿和六甲纳音之木上；帝星忌见太岁和寅虎之类的凶神。如果奇门同到其方，那么助吉是必定的，虽然有所畏惧，也不必忌讳恐惧，因此说："奇门到位，富贵兴财，禄应无穷。"又说："奇助太阳门助帝，飞法交相济。"所谓飞法，是指返首天穴等吉，真是经验口诀。

吉神受制不成福，凶煞乘时祸亦炎。

此亦承上文而言，吉神受制不福，恶煞乘时人凶。

如庚辛金神而乘秋令，则谓之乘时。如亥为天月德，而遇辰戌丑未之年月日时，又纳音之土则谓之受制。余仿此。炎者，火盛炎热之貌，此亦制化之端也。

【白话点拨】

这里也是承接上文来论说，吉神如果受制就不会招致福禄，恶煞乘时而兴风作浪，人就会有凶灾。就像庚辛金神在秋令时叫做乘时，亥水为天月德，而遇辰戌丑未年月日时，就叫做受制。其余仿此类推。这也是制化的一种。

五个太阳若通会，煞神共助福绵绵。

《千金歌》说："七个太阳三个紧，惟有历数第一亲。"而此言五个太阳者，何也?《灵辖经》说："太阳惟诸吉之首，金神为众煞之魁。"晏子说："能致太阳则诸煞皆退矣，能伏金神则诸煞拱手矣。"上言七个太阳，而此言五太阳者，盖天地阴阳之数不逾乎五，五行之正，而为君子。若七则为七煞之偏，而为小人，故神用五而煞用七也。

夫五个太阳之所来，

历数太阳为水之精，见木则为泄气，见土则为鬼贼。

雷霆太阳为火之精，逢寅则连接，一去以受生也，逢癸则受克也。

龙德太阳为木之精，以除平危收为吉，余皆有凶，因岁以起遁也。

乌兔太阳为金之精，因节候，以起遁也。

四利太阳为土之精，所以能和诸神煞也。

世之愚师不知真诀，徒闻太阳之名，罔知太阳之用，皆说历数太阳为阳光之精，能压诸凶百煞，岂知人间土木为闭之鬼，权制帝泽皇恩，所以说："太阳难压诸凶；百煞克泄灾殃立发。"又说："贵神若失地，灾害立时至。"此理势之必然也。假设五个太阳俱合相生，是为通会，是犹满朝皆正人，虽有小人亦化吉而为善，助人之福无疆矣，此用太阳之法度也。丘延翰说："水喜其渊源，指日立封侯。火喜其发扬，世代立朝堂。木喜其条达，人财立见发。金喜其重厚，造葬应天祐。土喜其温和，富贵再无过。”这些都是用太阳之验证也。

【白话点拨】

五个太阳之说，是因为天地阴阳之数不超过五，五行的正格为君子，如果是七则为七煞的偏格而为小人，因此说，神用五而煞用七。世间的愚师不懂得这些天机真诀，徒闻太阳之名，并不知道它的作用，假设五个太阳都合相生，是为通会，这就好像满朝都是正人君子一样，虽有极个别的小人也会化吉为善，助人之福泽就会长久悠远，没有边际，这些就是用太阳的法度。丘延翰说：“水喜其渊源，指日立封侯。火喜其发扬，世代立朝堂。木喜其条达，人才立见发。金喜其厚重，造葬膺天祐。土喜其温和，富贵再无过。用太阳的证验。

山命亡命与墓命，三命元神要合兼。

山命者，山家之运气也。亡命者，亡人之运气也。墓命者，墓中之运气也，非时师选择轮年起遁之墓运也，其实有道也。

时师不知此义，不得真传，徒执泥于诸家之历法，以年方之通利而课山向之吉凶，而掇时日之宜忌，则是舍网而人海取鱼，舍斧而入山采木，舍本取末而又利，呜乎！宜乎！夫合气之妙：自有三易九候之法度。

世人但知执一罗盘，因拘泥于净阴净阳，遂自称说：“天星之道尽于净阴净阳之中。”法度无余蕴，心志侮诳人。岂知古人之贵阴而贱阳者，亦有道也。古人步脉而立向者，各有理也，胡乱说：“阴山阴向，一流阴为吉；阳山阳向，水流阳为吉，足以尽天星之用哉。”就像医者惟，光知道参芪能救人，而不知参芪也能害人也。有什么病而服什么药则生，无病而乱服药则死，地理家之矩度，既有生成之龙，自有生成之穴，亦必有生成之局，所以说：“何处山头无子午，登山不用使罗经。”又说：“龙穴皆由天造，强合卦例何为?”故古设以寻龙捉脉之真机，量山步水之法度，意味幽微，旨趣深远。不得真诀则难中而愈难。若得真决则易中而更易，示诸掌而昭然。

夫罗经之义，本先天之理气，用后天之方位，当以先天统龙，中天布局，后天立向。更以河图论卦，天星论位，以形局性情观龙之行止，以气脉定穴之盈亏，以卦法论阴阳；以星体明贵贱，此万世不易之法度也。

先天统龙者，已有之气也，七十二候正位于天之中，龙从地下来。

中天布局者，黄泉之气也。六十龙以应划度之修，短气有二五，错综五兆不齐。

后天立向者，未至之气也。一百二十分金，纬地经天。

是天地人之三式合而用之。则造化之功成矣，造化之事毕，则富贵之基业马上应验也。善风水的，寻二十四方之龙，捉七十二候之脉，坐六十位之神，合三百六十五之度，定一百二十之分金，贯三天之气，吸九地之精，收四吉之山，发三奇之水，明生克制化之道，分孤虚旺相之限，建禄马贵人之局，忌空亡关煞之方，避阴阳差错之位，去星辰暗伏之乡，取八干清奇之局，契内外隐显之宜，究八卦五行之理，如合符节，不差不忒，斯为全吉。然此皆神仙之秘传，岂一般学习者可知哉？凡若此者，法度虽可言，但妙用由人心悟也。然亦有师任此道之终于秘密，湮没不传，时师亦倦于学而罔用其心力也，悲夫!

【白话点拨】

风水术是神仙的秘传。精通风水的人，在为人作穴时，总是寻二十四方之龙，捉七十二候之脉坐六十位之神，合三百六十五之度，定一百二十之分金，贯三天之气，叶九地之精，收四吉（金水日月）之山，发三奇（乙丙丁）之水，明生克制化之道，分孤虚旺相之限，建禄马贵人之局，忌空亡关煞之方，避阴一差错之位，去星辰暗伏之乡，取八干清奇之局，契内外隐显之宜，交八卦五行之理，如果符合以上这些可为全吉。这才谓做风水。

非人慎勿相传度

此言法度，乃古人传授之心法，不可轻以语人。非晦道也，但恐泄天机而恐遭天谴。不可传者十也

1、设或相遇非人，而以是道轻率语之，彼得之易，则举用之必易，果能百试百中，则必自高自大，贪人贿赂。不遵为善而抒吉，结交奸党，顿忘尊崇道术，轻忽慢师，或是沿街卖术，欺罔贤，不依天命，惟利是图，窃蝇头之微利，售富贵于妖邪，是不可传者一也。

2、设有轻时政傲世俗之辈，要聪明，才随志狂，大言不惭，学无术而语无稽，以真诀教之，不但不珍重吾道，而反为吾道之敌人—其不可传者二也。

3、有等人生在雄势之家，门下奔竞者众多，喜其阿谀奉承，忌其正言规谏君子于此，远之可也。君子应当缄口无言，不为其设一谋，不为立法也不破其法；自观其弊而窃晒于心，虽世态之趋下，实天命之使然。有等愚师得其传者，亦随时以附势苟合以徇情滥秘法，空负先贤，其不可传者三也。

4、有等世人假借地仙之名，假借先贤之语，向人前熟背无用之经书，自吹入阴阳之门路，一无人处便便屈己，聚众处悻悻自高，以术名为进身之阶梯，行诈方济诳骗之贿赂，其不可传者四也。

5、有等愚夫，实屈己以求师，背造言以谤道，甚至毁师以尊

自已，殊不知自尊者不尊，自屈者不屈。但谈古今成规，狂称此不足学，步步沿空而行，言言无实而妄，其不可传者五也。

6、有等狂人，略得真言，遂成尊贵，骋以己见，将小聪明遂刀笔，妄作伪书，褒贬先贤，紊乱道术，诳侮世人，以要今誉，盛其衣冠，起人敬信。及至委任，殃及一家，其不可传者六也。

7、有等人以求利，因此以自尊，而于真积实践之学问，则置之于度外，功莫之加，言不及之。甚至于人败国亡家，曾不得甚追悔之意，是与穿窬者无以异矣，是不可传者七也。

8、有等后进之人，虽然敏而好学，亦每杂而不专，倦读诸经，惟求口授，岂知不读古往今来之经书，无以充其学问；不求文义之理致，无以扩其识见；不得明师之真传，无以定其趋向；不看贫富之古冢无以验其是非；不采山之尘见，无以知其乡道。数者既以倦于从事，则学术毕竟难成，是不可传者八也。

9、有等市井之徒，借此术业，沿门货卖。晌善恶之家，略有微利，便承行，惟徒求利于已，不思责望于天。善为凶葬，是名妄刀刺客；元无血心，火烧人而不见烟，逆天害人，祸不旋恶为吉扦，是名赠刀剑于勇猛之徒，除刺棘于盗贼之径，以恶济恶，罪业尤深。其不可传者九也。

10、有等下贱卑污之辈，穿衣冠而不以为耻，逞口给而不知愧。要求权贵引见，用妄语以欺人，结好幸佞以为进身，屈求名望以觅微利，其不可传者十也。惟其如此，故吾道之秘密切不可轻易以相传也。

【白话点拨】

地理的力量是很大的，尤其上面讲的地理心法，千万不可轻易告诉别人，这样做并不是独占此道，只是因为如果泄露天机，恐怕会遭天谴之灾。还担心被别人利用，做不法之事。在此作者总结了十种不可传授风水书的人。

1、假如遇到一卑鄙小人，就把这些深奥之道轻率地告诉他，他就会感到这些道理获得的很容易，那么使用起来必然也容易轻率。

2、假如有轻蔑时政、傲视世俗之辈，要尽自己可怜的一点小聪明，而蔑视浩天无边的世道天机，不仅不知珍重我们的道术，反而会成为我们道术的敌人。

3、有一等愚蠢的时师即使得到了真传，也是随时附炎趋势，苟合殉情，滥施秘法真术，辜负先贤圣哲。

4、又有一等世人，假借地仙的名义，凭藉先贤之语，在他人面前熟练背诵无益的经书，一味唠叨自己的抱负。

5、还有一种愚笨之人，这种人只要谈论古今形成的规矩，就狂妄自大地说自己不值得一学，步步踏空而行，句句无实而妄。

6、还有一种狂傲之人，略微懂得一点相地术的知识，就自鸣得意，尊崇显贵，随便叙说自己可笑的见解。

7、有一种赃奴猾吏，凭借施行道术以求私利，凭借卖弄小聪明以求自尊，而对真积实践的学问则置之度外，其功夫没有什么水平可言，其言与天机真诀相差很远，甚至祸及于人，或者败国亡家，却从来没有追悔之意之人。

8、有一种后生，虽然敏而好学，但往往是杂而不专，厌烦阅读各种地理经书，只想寻求他人口授，既然懒于行动与实践，那么所追求的学术最终也难以学有所成。

9、有一种市井无赖之徒，凭借这种道术术业沿街售卖，不管对方是善良之辈还是凶恶之家，只要稍微有利可图就施术相地于人。

10、还有一等下贱卑污之辈，一味地寻求权贵显要的引见，胡言乱语以欺骗他人，作为进身求荣的阶梯。

千金难买一笑欢

程子说："人人欲大地，气运自不齐。天命原有在，感召各依时。"钱元伯说："积善之家天报之以福，积恶之人天报之以祸，此非人力之所能为，实天命之所由在。"《灵源经》说："别说得地难，自当德先之。"夫德者，求地之本也；礼貌者，求地之用也。无德而求大地，断无是事，而亦无是理。有德而遭凶葬者或有之，所以说："得吉地非难，求明师为难。见明师虽易，得明师之心不易。"

心目不明，佳城尽成荒垅；礼貌不加，明师亦是庸人。《意气感应真机》说："地不患其难得，而患心志之不诚；术不患其不行，而患学问之未至，学问精则目自明，而善德成则地自至。"吾见世人皆说自称从有德，见利自不分明，祸福明明付与奸狡，也能致福？难买千金一笑欢者，乃先贤之玩笑话，实后学之秘规。

夫诚恳的语言是多么的严谨，宝贵的秘规又是何等的真切！此言千金一笑者，无非欲尊崇吾道而已。惟不积善之家，非不思为致福之根本，尽心力而求之，遇庸师则礼貌之，遇真师则忽略之，而死后难获吉者，盖有由也。或得吉地而阻隔不葬，若得凶地而诚心葬之，是之谓感召之机关，允天人所共禀也。廖金精常语徒弟说："世间知道我理解我的人，委托请求很是真诚，那么我必须应当以真诚之心来回应他们的真诚请求，用以成就我的学说。如果世间之人不知道不了解我，或者没有真诚之心，或者没有周到的礼貌，那么就知道他的气运将逐渐败亡，只有积聚善德才能够得以长生。我漠不关心他望着他，但并不是我不想换救他，古时候，杨公有救贫之名，赖文俊公有回天之力，郭璞公能夺神功而改天命，曾文迪有一毫能杀人，一纸能救人的神奇本领。这些都是因为他们使用的天机秘诀是真诚还是不真诚，主人的心愿是真诚还是不真诚。”

千金一笑者，非真欲得千金而后买一笑也。古人说：“富家得地贫时葬，贵家得地穷时扦。”当是时也，乌得有千金之笑欢乎？亦由于情意之合与不合，礼貌之专与不专耳，所以说：“求地之家积德为本，求师为要礼貌为先。”

《灵源经》说：“龙穴有偏正，风水有美恶，气运有盛衰，感召每相肖。”所以说：“未葬山头地，先看屋下人，屋下人无福，山头地不灵。”慢师者，无福之人也。浪行者，无志之辈也。有等局量偏浅之徒，殷勤者与之福，轻慢者与之祸，虽所以试吾术之验否，实所以背天地好生之初心，吾言致此，诫后学者勿为残忍之人，当以诚心待之。厚吾者吾亦厚其生，薄吾者吾亦薄所事，祸福之与，但差等耳。若至败亡绝后，不至甚乎！弹子三书世罕闻，得人传授慎无吝。非人乱语罪非轻，广授乱传看时运。学者此当用心，勿视等闲虚天命。”吾今采辑而成句注，亦《泄天机》之一端也。慎之！秘之！毋乱传也。

【白话点拨】

作者在最后重点阐述积德行善的概念。积善之家天报之以福，积恶之人天报之以祸：此非人力之所能为，实乃天命之所由在。得吉地并不难，遇到一个明师很难；就是见明师容易，得如何得到明师之心则难上加难。”廖金精告诉他的徒弟说：“世上知道我，理解我的人，委托请求很是真诚，那么我必须应当以真诚之心，来回应他们的真诚请求，用来证明我的学说。如果世间之人不知道不了解我，或者没有真诚之心，或者没有礼貌，那么我就知道他的气运将逐渐败亡，或者没有这个福分，只有积聚善德才能够得以长生。我漠不关心他们，并不是我不想帮助他们，古时候，杨公有救贫之名，赖文俊公有回天之力，郭璞公能夺神功而改天命，曾文迪有一毫能杀人，一纸能救人的神奇本领，这些都是因为他们使用的风水秘诀是真的天地之秘。”

所谓千金一笑，并不是真的首先得到千金然后去买一笑，主要是对风水术的尊敬和守秘。

铁弹子地理元枢

南唐　何溥　著

富春　张九仪　注

【原文】

宇宙有大关合，气运为主；山川有真性情，气势为先。

此首章，乃堪舆家之论气者第一机窍也。昔云：有地非人不下，有人非时不下。盖以气运言也。又云：察以眼界，会以性情，若能了此，天下横行。此以气势言也。如彼前哲，一睹形势，便知祸福之大小，世数之先后，全在气运上之。夫山川有真性情，何以辨也？昔人有云山乘秀气，水乘积气，石乘煞气，平乘脊气。又云：山谷异形，平原一气，此山川之大势，乃山川之真性情也。山何以独取秀气也？山之势，类多刚猛而顽硬，惟患不秀丽，若见秀丽所丛，便是真气所聚。且上聚地惟天清之气居多，所谓收山不收水者，正用之此处，故以峰峦之秀气为生气耳。水何以独取积气也？水之势，类多流走而散逸，惟患不澄凝，若见诸水所积，便是真气所钟。且下聚地惟取凝蓄之气居多，所谓收水不收山者，正用之此处，故以水之积气为生气耳。石何以独取煞气也？山有山之喜气，亦有山之怒气。怒则山之威灵所在。威灵之气，多露为石。若石山而徒刚猛，压逼不成体势，不作威仪，则徒有煞而无生矣。从而下之，祸不旋踵。故石贵乘煞气者，取其威而成体，有生气也，最宜细认。平何以独取脊气也？如平阳一派之土，纯阳无阴，生气不敛，苟得一骨脊之处高起，便为敛而有生气矣。昔人有“没牛吹气，如酥在汤”之喻，正如此。山谷又何以称异气乎？如今山谷之间，各自起势，各自开局，各自成门户，其气各异，故凡江南一带，不当与江北同看，只见一个星辰特起，一个局面特开，有盖有送，有朝有迎，或如专城，或如停释，倘得两三重水口，特特关锁，便为有结，便当着眼。试观闽、广、吴越之间，各村各社，各有名族，亦各有名家，诸凡语言习尚，又各不同风，惟异气然也。平原又何以称一气乎？如今四望广汉之地，有何大分别，只见有一方冈脊起处，便作城池市镇，其为庐舍坟墓，尽聚于此，即凡语言习尚，虽数百里多为通同，谓非一气然乎。倘居异气处而漫以漠然四望之势求，则以眼界太宽而失矣；倘居一气处而必以山谷分结之势求之，则又以眼界太窄而失矣。此认气以认气势为难也。

【白话点拨】

本卷主要谈形气。本节分别讲了气运与气势。世上的转折变化在于气运，而山川的真性情则在于气势。气运就如同找到了一块好地，但要葬的人不能享受这个福气，或者能够享受这个福气，但埋葬的时机不对，这就是气运。而山川的秀丽，水的澄净，岩石的威仪成体，平原上好像骨脊一样隆起的地方，这都是气势。

【原文】

地运有推移，而天气从之；天运有转旋，而地气应之。天气动于上。而人为应之；人为动于下，而天气从之。

此言宇宙气运，天地人皆相与于有成，一有转移举动，气即以异，此识时观变者之一大枢纽也。何谓地运有转移而天气从之？

如黄河是天地间一大血脉，据黄虞时河由龙门而转吕梁，由吕梁而转太行，由太行而转碣石乃入海，是河从西转南，从南转东北，而冀居其中，则所谓黄河如带，五岳俱朝，为天下第一大风。水者，此也。此都一时而尧舜禹三圣人出焉，千古莫盛矣。夫惟黄河经其北，长江绕其南，而泰岳夹于其间，则泰山为华山以来大尽之龙，乃中国之一大干也。若论中国形胜，则泰山为中尽，当时孔圣起而群贤济济并生，千古亦莫盛焉。此开辟以来未有转徒之山水也。自汉黄河渐徒而南，乃至穿断邹鲁之墟，直走淮泗，则泰山反居北，而黄河乃居南矣。州之水势倾，邹鲁之地脉断，而北地之气运衰矣。我朝祖陵钟于中都，大业起于滁阳，正在淮泗之间，岂非黄河南徒，气运固使之然乎！人言江南之盛，以宋南渡而然，不知黄河徒而之南，则天运亦从而之南，人不能为之挽也。夫天气一从地运之转者如此何谓天运有转旋而地气亦应之？如秦太史占金陵有天子气，乃疏秦淮以泄之，不知奏淮一疏，地运乃动，嗣后小而六朝之建都。大而我朝之鼎奠，果应于此。又如洛阳素未有杜鹃，及杜鹃啼而天气行于南矣，商人自是果作相，是地运未到而天运先到，则地乃从天转也。何谓天气动于上而人为应之？如陈希夷一夕见小星居帝星之左，及旦而亟觅其所，见宋太祖与赵普同坐酒肆间，而赵居其左。陈乃曰：小星何敢居帝座左哉！推而易之。此宋太祖微时事。今人多以星气为渺茫，而不知天动人应，其不爽如此。何谓人事动于下而天气认之？如洛阳花石，何大关系，而元史占之，以为花石不会，由宋之旺气不绝，及一旦移去花石，而航海之舟遂覆。今人多以前哲按星势为作用。似为怪诞不经。而不知一举一动，天即为应。气何不贯通也？夫论气运者而苟拘拘于定格，不及于转徙幻化之不常，抑何以定其变哉！夫古大哲望气而可预占。察时而可观变，盖通此窍耳，自非神仙道眼，乌足语此！

【白话点拨】

宇宙的气运并非孤立存在的，而是天地人三者相互感应的。并以历史上很典型的这种感应来举例阐明了这个观点。

【原文】

有聚讲、行讲、坐讲，则气聚于龙；有权星、尊星、雄星，则气聚于势；有盖胎、夹胎、乘胎，则气聚于穴；有收襟、收堂、收关，测气聚于局。

此四段，乃认气者第一关键也。夫龙忌孤单，人所共知，然亦但知看到头数节耳，不知龙有起有止有行度，起处必要聚讲。如层云叠雾，合气运形，大以数百里，小以数十里，横亘绵延，或五星聚而不分，谓之聚讲。如都会之地，百官所聚，万民所止，乃枢要之会也。既聚之后，则分枝劈脉而去，条分缕析，正干从中，余支分左分右而行。以渡峡，或以走闪，两边夹护，各带峰峦，带印、带笔、带旗、带鼓、带仓、带库，各各不一，总之丛聚拱护，不孤不露，谓之行讲。龙之行度既历剥换，必有归宿，譬则行者之赴家，其一家骨肉必为团聚，又譬则贵人之登堂，其所属僚佐必为拱护，决无孤立独坐之理，谓之坐讲。有此三讲，其龙乃真，若或不然，则孤单二字，不特在入穴之所矣。何以谓之权星？吴公《钳龙经》中所称都权之星也。盖以其势正盛正大，祖宗二字不足以尽之。高大如雪山之齐天，不见其顶，绵亘如云中之雁，不见其来，丛集如艮仑，八方之蟠踞，不见其分，则天下万派之山，皆祖于此，此亦何可以祖言，故以都权之星名也。大抵权星多土金之体，盖惟土金能绵豆也。若水木火多作祖星，以其活动而卓立，则为分形矣，则宇宙间惟土石为大为盛，盖石即金也。经云权星宜大不宜秀，祖星临来要起峰。正此之谓。从此而推，一郡有一郡之权星，凡论佛仙候王相公之大结构，必本于此。至如尊星，则或祖或宗，高出于一方，为众山所首出者，从此而知龙之正干正结，皆肇于此。又如雄星，则于城郭交关之处，有卓立星辰，可以应尊星而当门户者，则以雄星称、即今所谓北辰、罗星之类。盖交牙织结，不如以禽兽成形，物形守关，又不如以人守关之为大也。有此三星，方为势大。胎星是结穴之所，何谓盖胎？即盖座是也。盖无盖势，胎必不结。华盖尽为上，冠盖宝盖次之，即个字飞蛾亦是盖样。盖有盖则脉不露不孤，而穴必藏风聚气矣。何谓夹胎？如今龙虎夹耳之说，使风门不动，所以卫穴者也。何谓乘胎？如今小明堂是也。盖上盖则气注于下，下乘则气壅于上，两旁夹则气蓄于中，方谓有气之穴。何谓收襟？则穴中微茫，界水所会，如人之襟领所交，名曰“襟合”。何谓收堂？则龙虎界割之水所会，如居室之明堂，为四水之所聚，名曰“堂合”。何谓收关？以龙之分来作城作郭之水所会，小如居室之门户，大如城郭之关锁，名曰关合。古人所谓小合收囊，以堂合言也；大合收局，以关合言也。穴情低小者，收堂以内之水；穴情高大者，收关以内之水。至如穴前小明堂合襟之水，无论高低穴皆所当收也。凡论局者，必准诸此，合而论之。昔人有云：“有穴方言地，无局不言龙”。则局又龙之所以定背面也。廖公《泄天机》，分龙、穴、砂、水，而又加之以堂，正此之谓与。

【白话点拨】

强调本段这四点，是辨认气脉的最关键之处。气脉起始的地方要聚而不分，中间要运行得法，最后还要有好归宿，这叫气脉的聚进、行讲、坐讲。并且继续讲了星和胎穴的类型。

汉末宰相刘海蟾祖地

天梯龙出神仙飞昇

【图注】

上图为汉末宰相刘海蟾祖墓，来龙为天梯龙入手，气势威猛，行真气盛，，四周众山环抱，大势来聚绝对为地中尊贵一品，传说中后来刘海蟾成为道教神仙下八仙之一，民间有“刘海戏金蟾，步步吐金钱”之说。

【原文】

阴胜逢阳则止，阳胜逢阴则住。雄龙须要雌龙御，雌龙须要雄龙簇。

此二段言龙势必得阴阳雌雄媾会之处而始成胎，认气者所当审也。如山谷之间，阴气尝胜，故一卸平洋，脱胎换骨，局面亦且开阳舒畅，此便有结，所谓阴胜逢阳而止是也。大开大结，小开小结，万万不爽。又如平洋之地，阳气尝胜，故忽然起一冈阜、一山脊，谓之吉气所起，乃四面阴砂，未缠未护，便是浅露，亦自成局。故平原之处，只要分局得明，骨脉显示露为证，所谓阳胜逢阴而住也。又如龙势之来，正干雄强，谓之雄龙，有自天而降、御风而行之势，乃两护送之山须要柔顺婉转，远缠远护，不与争强，则正干乃结。昔人所云雄龙坐大将以握重兵是也。要之所御之砂若果秀雅，亦出文士，或以文臣握兵权耳。又如龙势之行，一派软嫩为雌，必两边拥护，拱夹有力，作起气势，乃见精神。夫雌龙固主文秀，然四面砂如笔、如笏、如鼓、如旗，亦主威严，岂止文秀哉！此雌龙以夹从雄势为佳，几雌雄贵交媾如此。

【白话点拨】

山形气脉有阴阳和雄雌之分，若阴阳协调、雌雄相配方能形成宝地。如山谷中阴气盛开，进入平原，局面开阳舒畅，就有可能形成好地；平原阳气盛开，忽隆起一山脊，也可能形成好地。再比如主峰雄健，两边护山就须柔顺蜿转，主峰软嫩，两边护之山就要拱夹有力，以形成阴阳相补的形态。

【原文】

大地无形看气概，小地无势看精神。水成形山上止，山成形水中止。

此言立穴当先认其形神止聚之处而穴之，不可一概论也。今人于入首作穴处，便看窝钳乳突四字，一有此四者，便称好穴，不知形乃穴之证佐耳。至其生机真结之处，全在大势上理会。如大地之形，尝隐尝拙，何有形之巧媚动人。只于大象上察其气势，认其性情，苟得生机，便成穴法，不在拘拘于窝钳乳突之常法也。至若小地，既无气概，必须形局合度，聚气藏风。出局观之，似无气势，入局观之，却有精神，则便可于精神聚处穴之，亦可成一器局也。此管氏立穴以认形势为先，最为至要。乃论形之止宿处，又要辨支拢高下，乃不失其性情也。如平支之龙，全以水为界合而成，阳气尝胜，其势柔婉，穴当从其起处刚而乘之，所谓山上止者是也，即《葬书》支葬其巅之意。如山拢之龙阴气常胜，其势雄急，穴当从其坦处而乘之，所谓水中止者是也。谓之水中只是界水会而止处，古所云：来不来，坦中裁，住不住，坪中取。此与《葬书》垅葬其麓之意同。

【白话点拨】

大好之地不一定看来有很漂亮，更应该关注它形成的大气势；而平常的地则谈不到气势，需要看是否精神。水成形山上止，正是对应是《葬书》中所说平地气脉要葬于高处；山成形水中止，则是山地气脉要葬于低处。

【原文】

认气于大父母看尊星，认气于真子息看主星，认气于方交媾看胎伏星，认气于胎育看胎息星，认气于化煞为权看解星，认气于逢绝而生看恩星。

此数段乃龙气中认气第一法门也。凡看龙须认尊星为主，盖到一方看是何山最高最大，专擅一方，便以之为大父母。看尊星是何星辰，如土星起顶垂肩，大开盖帐，则为土龙势，其所育之子孙，土是本气，金是生气。如木则为煞，如火则为其所泄，如水则又为其所刑。故凡自上而下，遇生旺为子息，遇克害则为其煞。其法当祖《河图》，一以顺生为序，盖父母不可克子孙也。李家《龙经》云：息星克母子荣昌，母星克子死绝亡。盖下可克上，上不可克下也。凡山一到入首之处，看是何星辰，如金星入首，祖宗原是土势出脉，则为真子孙矣。若干入首盖覆之星或带木，不兔相克。然息为金而覆胎之星带木，则子息破母胎而出，原有此理。便是金木相接之处，微有水意，便不隔绝矣。此即合前所云息星克母子荣昌之说，有何妨乎！其法出于《洛书》，一以逆克为序。而《吴公解义》云：木星入土星，一甲辅明廷。亦以从下克上之不畏也。如今术家所称屏下贵人，夫以木星贵人而在屏土之下，非木入土之说乎！又如大父母既布势降脉而来。若于其间不遇雌雄交媾，何以成胎？故当行到气盛处。须要跌断过峡，一俯一仰而成胎伏，乃成交媾。此去方有生育。若无胎伏，前去必不变化，便是纯阳纯阴，无生机矣。杨公论龙。必以胎伏，意正如此，此于龙腰认气之第一机窍也。龙既跌断，过峡则再起，必有好星辰或开盖覆，必成胎育。盖覆之下，一线起脉为胎。所谓鹤膝蜂腰龙已成，正指此处。此一线垂落，必要水体乃成胎，所谓万物皆生于水是也。此即束气之处胎之下，再起便是息星，或于一节即结，或数节乃结，在所不拘。然乔不可节数太多，以气离胎不可缓，亦不可脱也。息星便是入首，入首之下。再看入手成河穴法。或即贴于息星之本体，或脱落而为另体。乃穴场也。此认真气于父母。相合处正在此。凡龙行度。岂能尽无驳杂。如土龙行度。遇木则为煞，然以木星贵人之峰而在土屏之下，虽为煞而有权。若于贵人峰下少转水而顿起金星，则金可制木之煞，而水为贵人秀矣，岂不化煞为权乎！谓之解星，从此行去，必为生旺，便结穴矣。凡龙行度，必不变换，湖虽生旺，未免太过，反致刚煞矣。如土龙阵势，金星为生，乃一派金星，三五不同，不生支脚。浑是坚刚，则纯阳不化，反为阳龙之绝，必须卸下，或转天虹之土，两边开挣，以分坚刚之气，是以母救子为恩也，或卸下转折，如三臬之水，以泄刚直之气。是以子救母。亦恩也。得此方去结穴，若不得此，便是香火之居，或为蛟龙之窟矣。凡一方起一尊星，必有一结。或于尽处正受。便为正格。或尽处皆受到煞，则于解星思星之有生机处。或作骑龙，或作斩关，须要详认。覆盖峡前峡后之处，每有结作，正数脱卸处而得，解星恩星之有气也，从龙认气，妙法在此。

【白话点拨】

自此开始讲辨识生气。同一个方向，最高最大的山是尊星，如同家庭中的祖父母一样。先要明白尊星在五行中属性，方可明白子孙星的性情。而后，据五行生克之理去辨别。生气要有交合孕育才能生长，遇到煞气要能消解，碰到绝地要有救应。弄清了这些就对辨识生气有很大帮助。是为风水术中的经典之作。

【原文】

认龙之气以势，认穴之气以情。

昔人云：望气存乎势，立穴乘乎情。大要看龙以势为方。其局有五：曰直，曰横，曰回，曰气，曰潜。《入式歌》云：直龙原是撞背来，中出贵徘徊。言直来之龙势多宜硬，妙在徘徊，乃有气也。横龙原是从侧落，逆转须磅礴。言横来之龙，其势不正，气须逆转，而勒定乃收住也。回龙原是逆翻身，顾祖要逡巡。言回龙之势多凑促，其气不舒，必得宽畅逮巡。气乃和也。飞龙原是结上聚，昂首真奇异。言飞龙既属上势，须要轩昂，收得众山水，制得众山水，气象始为奇也。潜龙原是落平洋，撒脉自悠扬。言平洋多撒漫，病在脉不到，故须撒脉悠扬，有分有合。有摆有折，则气乃真耳。从龙论气，大约在此五者。穴法大要有天地人三停，不论高下，只要收得山水，便是真情向也。即如以飞龙而作天穴，情在上聚。法当以龙之气势与上聚峰峦配合为是。昔人断天穴之吉凶，专以龙断，以上聚专主于龙势也，若下面砂水，不为用事，则不必论矣。凡收山纳水，只以眼中得力用事者为紧要也，至如雌雄相半之龙，可扦人穴，情在中聚，则以中聚拱揖之砂为应，取入首之脉与之配合，以其后龙之势尚缓，而归堂之水尚低，惟取中聚之砂收而纳之，其气聚，其应速也。至如柔婉之龙，所谓潜龙，多作地穴，则以入口之水为主矣。盖平洋之地，一以水之界合为龙，故聚水归堂，乃为有情，故收下聚之气者，妙在用水。昔人断中聚之地以砂，下聚之地以水者，诚有见也。

【白话点拨】

要根据形势走势来辨认生气，根据其性情来辨认生气结穴之地。

【原文】

龙备五行之全，故山之形体象龙。龙极变化之神，故山之变换象龙。龙之体纯乎阳，故山逢阳而化，遇阳而生；龙之性喜乎水，故山夹水为界，得水为住。龙之行御乎风，故山乘风则腾，藏风乃歇。龙必得巢乃栖，故山以有局有关乃聚，以无局无关为散。龙凡遇物则配，故山以有配有合而止，以无配无合而行。

此言论龙者必深得龙之性情，乃能得其精神血脉之所聚。此认龙气者第一吃紧处也。凡宇宙间物理，虽各有五行，以一体而具五行者惟龙。龙之鳞为金，角与爪为火，身为木，摆折为水，腹之黄为土。今人取天罡星亦备五行，又以辰为罡星，正以亢为金龙，正谓五行之全局也。龙能潜能见，能大能小，能升能降，山之行动，贵有起伏，有变换，正象乎龙，故以龙名。夫辰肖龙，以辰居五阳之地，而龙之气纯乎阳，辰则肖之，故山之行度，遇活动开畅则为阳，乃龙变换之处，山之结穴，遇平坦圆满则为阳，乃龙栖止之处，以其体本属阳也。且以时序论，逢到三阳，则为惊蛰而龙动，及到四阳，则为飞龙在天，非以阳为得令之候乎！若逢夏至，以后渐及五阳，龙则藏之重渊之下矣。龙之性喜水，故山有界水，有大界水则为大界合，有小界水则为小界合。又如金鱼，如虾须，如蟹眼，皆以水言，正以象龙之得水为喜，得水而住也。龙之起，必风云从之，龙之藏，必其云散风静，是故山之止处，亦必藏风乃为止也。龙有龙之巢穴，其巢穴必且深沉邃密，乃为龙居。其在山谷，必有岩洞之深邃，其在平洋，必有江湖洲渚，为众水所聚，渊深莫测之处，岂是泄露迫隘？故今堪舆家必取堂局之完密，四兽之俱来，有开有合，有关有锁，正以象龙之巢穴，不得涣散而泄露也。今人论穴，只以安棺八足之所为穴，不知合龙、穴、砂、水局面城垣而论之，乃为穴也。龙气纯阳，其性至淫，凡遇物之雌者则配，是其所喜则与配合，故山家于龙、穴、砂、水皆取其配合，即是此义。今人论龙穴砂水以四件备，不知只以龙为主，今其所谓配合之意，又只是一个他来有情于我耳。如朝案，如龙虎，只是一个开面转脚，拱揖环抱，便是与我配合，若有一山走去，一水倾流，不我回顾，便是不配，便非真龙之住，便不可言穴矣。

【白话点拨】

龙具备五行的所有属性；并且，山势蜿蜒曲折，如同龙的形体；山形忽大忽水，忽高忽低，如同龙一样可以变化多端；山势进入平坦宽阔之地就化开，也像龙一身都是阳气；山势遇到水流形成好地，像龙一样喜欢水；龙行有风，龙歇有藏，而山也要遇藏风之处才止；龙有巢穴，而山也要有完整的关锁才聚生气；龙喜欢跟任何雌性阴性的东西相配合，而山也要跟水流、穴地以及周围群峰相配合才是好地。这就是为什么风水上以龙来代表气脉的走势。

故宫九龙壁

【图解】

故宫九龙壁建于乾隆38年，是一座长20.40米，高3.50米的高大的琉璃照壁。九龙壁的正面共由270块烧制的琉璃塑块拼接而成，照壁饰有九条巨龙，各戏一颗宝珠。龙壁是建筑物的照壁，为宫殿、王府、庙宇、民居等建筑物前面的第一道屏障(照壁的作用具备多重性：保护风水、镇魔逐邪、装饰点缀、昭示身份、象征权力富贵、遮挡视线等等)，九龙壁上面的九龙，形体有正龙、升龙、降龙之分，每条龙都翻腾自如，神态各异。代表我们中华民族对龙的崇拜。

【原文】

辨龙生死，须分三阴三阳；辨穴生死，须识阳多阴少。

此二段乃以脉络之阴阳而认气为一法。吴公间星之说，以金木火为阳，水土为阴，谓之三阴三阳。行龙必阴阳互换，乃为变化，乃能生物，故以此为间星。间者，脱换变化之谓也。龙不变化，不成真龙，故必金木火得水土，水土得金木火，两相互济，以成胎育，方结好穴。不然则纯阴不生，纯阳不成，不涸燥而为香火之居，则滥溢而为蛟龙之窟矣。今人立穴，但于入首结作之处，如金开口，木生芽，土挂角，则为阴来阳受，或入首之脉敛而急，至入穴乃平而舒，有脑有窝，有小明堂，亦为阴来阳受，此所谓之葬口，如阳来阴受亦然。《三宝经》所谓阴少阳多得葬法，阴多阳少莫强求，何其专取阳多乎！不知经云惟取乎阳，不犯乎阴，大要万物生于阳和，死于阴肃，故穴情以阳为主，总是阳来阴受，毕竟阴中又有阳，乃可葬也。如平地之突，是阳来阴受，必突顶平坦，乃有阳气而无煞，如突顶削尖，则是纯阴有煞矣，便不可葬，只宜于突旁坦气为阴阳交媾之所，方可受穴。前段论龙之阴阳，后论穴中阴阳，皆以阴阳而论生气者也。

【白话点拨】

辨识气脉的好坏，要阴阳协调才生。辨识穴的好坏，则要阳多而阴少，因为阳气多就少煞气。阴气重则有煞气。

【原文】

龙有变体，或为顿住勒住；穴有变格，则为坠官簒官。

此二段乃以大势之缓急浮沈而为论气者之变律也。凡龙之行度，如强弱相间而来，便能多结，有如枝条太长，节数太多，名为长行。金水行到十数节，是困惫无力，但一向行来，手足亦不偏枯，头面亦不峻嶒，似乎无力，不谓无体。及到立穴处，忽然顿起高山，巍然成一主星，其手足尽能转翻扛起，则两边枝节皆为有力。若得左右山水凑集，朝案局、面拱注，及所去未尽之龙，又转关有力而作水口，便是大地。此所谓内旺之格也。忽然顿起，故为顿住，此以缓嫩而得顿起，真气自聚，其与穴之缓不取急者同义。又如龙之行来一向狂猛，其势飞腾，收住不得，忽然跌断，再起星辰，婉婉有驻足之意，接下二三节，手足尽为回顾翻转，恰如勒马之状，此与急中取缓之义同其为有结无疑矣。此皆龙之变态，不可不细察也。凡立穴必取阴阳冲和、神气融洽为主，若于立穴之处界割深而虾须不明，朝对远而拱揖不密，然真气所在，不得改移，纵穴场至高，亦须深取至一丈许，或至一文五六尺许，惟取前朝外照、雌雄交度处为深浅，此之谓乘除假借，全以外照为主也。以其坠下而按远砂远水，故法谓之坠宫。经曰：低藏高点纳前朝，深浅得乘真气聚。盖如此。又如诸山辐辏，于平洋有大池湖隐注之处，名天仙大会格，以诸龙会于中也。然深广难下，须要认定气势，会定精神，的确何处，可收诸龙之会，可纳四方之气，乃于此立穴培土成坟。其取堂局，立向座，一从诸山之拥护朝案为凭，以其穴乃由聚会处纂定，故法谓之纂宫。经日：饥得饱而阴回，疾遇舒而阳住。盖如此。凡此皆廖公之大作用处，亦穴法中之变体也。

【白话点拨】

气脉的走势和结穴都各有不同，各具变化，人们的认识和处理方式也要跟着相机而动，不能一成不变。

【原文】

星体有正有附，兼衬贴之当辨；穴情有显有晦，形气影之宜详。

此言入首星辰形体不一，气各有聚有变，不可不细认也。如今人于入首之星辰，只知五星九星合是何体，便为指阡，不知星辰多无正形。如金星到头只是全全一个太阴太阳，有何难辨？不知一个星辰有三体之分，曰兼、日衬、曰贴。兼者如金星而转土转水，则为兼土兼水，又如金星而拖火拖木，则为兼火兼木。相生则吉，相克则凶，此于本体上或左或右，或前或腰，明带而易见者。如贴体则于穴情处仅仅微贴一些，星象乃形之微露处，须细认乃见，所谓气块之类，又如所谓汤中酥、云中雁之类，此一体而不分者也。正谓星辰之灵光发露处，最宜体认其美恶，俱自本体论生克也。若衬与贴不同，贴不分二件，衬犹分二件也。如所称视衣之样，实是二物而又相依，此于依靠衬贴最为亲切，其吉凶亦以生克论。论气者须于衬之得力、贴之有情、兼之有生处精而辨之，乃能得真气也。又如穴场所在，其证佐有窝钳乳突，是形之可见者也。古人即依形葬之，所谓形葬是也。至有形而无窝钳乳突之可证，只微微有凸有块，又微微有块有弦，谓之气穴，以其有气而无形也，古人便用气葬之。又有本体星辰全无形亦无气，带饱而不开面，然真龙既到，必有真气，乃至脱落平洋，或在田，或在坪，或在湖渚，隐隐隆隆，灵光若露，如所谓乌月沉江、其光在影之类，此即窗外月明窗内白，水边花发水中红之意，全于影上着精神也。以此古人又有影光之穴。夫气穴无形，犹不离乎本体，乃影穴则脱本体而在影向之间。此等微茫，极精极妙，自非道眼，未易言此。今人只知葬形，盖拘拘虾须、蟹眼说耳，岂知造化之妙变化固无穷哉！

【白话点拨】

气脉走势和结穴有正体，也有变体，有显而易见的，也有晦涩难懂的。譬如山属金，转而又属土属水，这就是兼土兼水。有的穴形状显而易见属于窝、钳、乳、突四种类型之一，但有的穴形状不明显，只能根据气脉走势辨识，还有的甚至只有一点迹象，更需要仔细考察。

【原文】

盖帐不开龙不窠，轮晕不覆穴不住，束咽不细气不聚，泥丸不满气不充。

此言龙穴各有真气凝结之处所，必不可少者。今人但见山势所来，便以为龙，不知有龙之蟠，则有龙之巢，必须有帐有盖，成得一个势帐，而龙乃止。且龙一经盖帐，则一向直来狂奔之气，得此而开肩展翅，畅朗舒徐，煞气尽脱，生气自融，乃可结穴。若非盖帐之龙，不为纯阴，必为孤露，自然不结，纵结亦不大也。轮晕之说何昉乎？以穴场之所，上有横纹细路。圆而且弯，若车之轮，然则阴气不冲，阳气自畅，昔人所谓穴有三轮，其贵无伦是也。晕即日之晕，有其形，无其形，圆而不缺，满而不倾，今人所称太极圈是也，以此认气，则必不犯乎阴，而穴乃真矣。夫结咽之说，乃入首束气之处，如人之喉然。昔人所谓结花结蒂，又譬之吹管者，众窍齐开，必不成响，惟闭众孔而放一孔，则可中律而响音乃成，此善喻也。是故龙之结束气处不可不细。盖气不贵聚不能发散，必须束之至细。则气方聚而穴可结，乃至结穴之处，则又要充满光润，如孩儿头，然必其泥丸精髓满足，而后头面之间气乃充溢，其色乃华，若有一缺陷薄削，则必枯槁，而不可穴矣。于此气脉入首结作之处，最为紧要，不可不细认者。

【白话点拨】

强调了穴必然是气脉聚凝的所在。气脉尽头要如同咽喉般细，而结穴之地则要丰满圆润。

【原文】

五星不离水土体，九星常带辅弼随。土星不作倚，五星皆有撞，火木不可益，水土岂能粘。

此二段乃认星辰之总体分体而葬，以乘气为一法。夫宇宙间无水不生，无土不成，龙非此不成龙，穴非此不成穴，故凡龙脉入首五星虽各有体，而要之水土必不可无。古人云：或结乳，或结钳，且要从头顶盖圆。凡圆平处即是土体，所谓化生脑是也。又云：不管从头来不来，只要金鱼水荫腮。凡水界合处便是水体，所谓虾须、蟹眼是也。如辅两二星亦是水土之义。盖辅星属金，弼星属水，在九星中隐而不见，常随七星之左右，故凡立穴不拘贪巨武，到头须要辅为之。盖弼为之承，所谓来金相水，正是此意。此是星辰之总体化合处，最当体认者也。又如葬法中曰：盖粘倚撞，今人只相刚柔缓急之势而施之，便为的当，不知古人作则用星，仍要于星体上体认，如土葬其饥，岂可脱而粘，水葬其涌，岂可缓而粘，土星倚葬则崩，木星盖脑则破，火星当峰则烈，一或犯此，不为关煞，则为脱气，此于星辰之分体处各有真机也。

【白话点拨】

要认准真气脉、真穴地，不管是根据五星还是九星来判断，都要有属水属土的山体在其中，葬时则要要根据山体在五行中的属性因地制宜，错了就招致灾祸。

【原文】

坐宕、坐旺、坐煞，是谓坐法；全胎保胎破胎，是为作法。

此条特语坐穴之法。何谓坐宕？如今强急之能，其气正怒，怒不可犯，则于坦宕之处看其四应，可以穴则穴。昔人所谓脱煞坐宕是也。何谓坐旺？如今平铺缓嫩之龙，其气正弱，弱不可乘，当于旺相处乘之，此是葬法。如苏湖一带，凡见冈脊堆阜起处，即为村坟墓，亦是坐旺之法也。何谓坐煞？有如金以刚饱为煞，而刚饱之上下又无穴情，只得从刚处开金取水而坐之。又如金以火为煞，而穴情又在金火相交之处，只得挨金剪火，劈火嘴而骑之，即如骑形之法是也。何谓全胎？如龙卸平洋，则煞气尽脱，至入首之处，如印拿金盆之穴，又属纯阳，则用客堆培成坟，即古开井怕见土之法，是谓全胎。何谓保胎？如金珠嵌花簪之类，半吞半吐而乘之，珠从旁入，花从正入，十分之气，只取其四，是谓保胎。何谓破胎？如今顽金孤罡之类，阴气居多，不大开深取水而成阳穴，则不可下，是谓破胎。全胎如梧桐子之结于叶上，轻浮而胎全露也；保胎如连子之藏于莲房，微露而大半合胎中；破胎如栗子之包于刺包，胡桃肉之藏于坚壳，必破胎而出，乃得髓体也。

【白话点拨】

所谓坐宕，就是面对奇峻险急山势，要在坦平之地找穴；坐旺是面对平铺缓嫩的气脉，要在气脉旺盛之地找穴；坐煞则是遇到穴地在有煞气，要用人工方法化解再找穴。所谓全胎、保胎、破胎，指遇到特定的穴地，用这些不同方法来葬。

【原文】

挨生旁气，成为脱壳借胎，或为子投母腹；脱煞连生，或为借母养子，或为以子救母。

此为乘气中挨生化煞之妙用也。何谓脱壳借胎？即九星论，如天罡乃孤罡，何以成胎？必开孤取水，则罡气斯脱，而水乃成胎，故谓之脱壳借胎也。何谓投母腹？如木星而带荡，水星而带金，则原有胎育而子可投，故木不葬木，而葬木之摇荡有水处，水不葬水，而葬水之坚实如金处，非谓子投母腹乎！何谓借母养子？即以五星论，如木体带金者，必破金取水以荫木，是木受病不能养其子，而特借取水穴以荫之，所谓借母养子也。何谓以子救母，如金体而带火者，必于金火相间之处，大开水穴以制之，昔人有取水镇火之法，正谓此耳。夫金母遇火难而得水之为子者，且解且制，则煞不为我害而可化为权，又合作用中留煞为官之说矣。此非谓煞不必去也，以能剪铲刑煞而制之，则在前可作官星，在左右便可作曜气耳。夫造化无全功，安得星辰尽是纯粹，只要晓得超生而避死，蜕煞而逢生，乃为裁成造化之殊功也。

【白话点拨】

这讲依靠生气来克制煞气的方法。消煞纳水，趋吉避凶为风水的追求。

【原文】

脱龙就局纳前朝，只为半伪半真；撩山劈硬处平基，只畏直来直受。

此以前朝后势而为乘气中之进退消纳，亦一法也。凡葬贵棺不离脉，而此之脱龙就局者，乃入首之脉，驳杂不纯，直到一二节上乃为真脉，而前朝却可取，是朝真而入首之脉非真也，如必直顶其脉，则初年不利，当于穴中放出棺二三尺，大作堆金以纳前朝，且受水法之吉，以发初年为是。凡葬贵气不脱脉，而此言撩山劈硬、退出平基以为穴者，乃入首之脉阴来直硬则煞重。又如子龙作午向，谓之子午淋头煞，则葬之必凶，故须撩山劈硬以作平基，将棺退出平基立穴，则无关煞冲棺之祸。或穴从两边微斜，又或上砌虚圹，下葬真棺，庶可避煞，乃为直来直受之作法也。古人有形葬，有法葬，夫顺其穴之生成而葬者为形葬，或劈削或堆培而葬者为法葬，此皆古人作用之妙处，不可不理会也。

【白话点拨】

有两种葬法。其一是气脉半真半假，葬时不能正对气脉，要装棺材放出二三尺。另一种是气脉来势直硬，煞气重，要将棺材退后，或使墓坑向两边微斜，或者上面砌一座空坟，以避开煞气真冲。

【原文】

平洋之气，尝舒尝散，须要汤中浮酥；山垄之气，尝急尝敛，当看水面蟠蛇。

此以气之聚散缓急而认穴之微茫。《葬书》中所云葬乘生气者，正在于此。夫平洋之地，阳胜乎阴，故以敛而聚为有气，如所云："隐隐隆隆，穴在其中"之说，须要体认。盖所谓隆隆者，正谓隐隐之中而有此丰露之象，古人取象于如酥在汤，良有见也。《葬书》云吉气所起，起即隆隆之谓、酥在汤之谓也。不然则亦铺毡展席，散漫无收而已，何谓穴乎！至如山垄之势，阴胜乎阳，不嫌脉之不到，而嫌气之不和，所以多煞，故须结穴之所圆融平坦，不险不迫，有如水面蟠蛇之状，活而不死，静而不动，盘旋而无直硬，浑浑一个太极之圈，则形舒气和而煞尽脱矣。古人所谓山垄之龙，葬气不葬形者，正谓此意，此认穴之秘诀也。

【白话点拨】

平原的气脉多属阳性，因开阔而散漫，找好穴地要生气聚凝，如同点心浮在汤里一样；山地气脉多属阴性，因峻急，好穴地要平坦，如同蛇盘在水中一样。

【原文】

没水之牛，气仰而吹，宜乘其气；出洞之龙，气直而吐，宜乘其余。精华外露之气如花，宜葬其皮；精华内酿之气如果，宜葬其骨。

此四段以气之缓急深浅而为葬之缓急深浅，乃作法也。如平坦之龙脉，潜于地而微露毛脊，至结穴处特起一气，乃吉气之所起也。其气从沈缓而仅浮，不宜缓乘，其为缓来，不妨安绝顶乎！譬如牛之没水，身藏水中而偶露毛脊，特一仰而吹气，则尽在鼻中，若稍脱之便失气矣。此缓来之法也。又如高陇之龙，脉行于山而势奔气涌，至结穴处，须要脱卸，落在平洋，气乃冲和，所谓“来不来，坦中裁，住不住，坪中取”也。其气从盛急而乃舒，不宜急承，其为急来，不怕葬深泥乎。譬如龙之出洞，其气焰方盛，何可犯之；乃其气之吐而有余焰处，则精灵之可掬者也。故宜脱毬而葬榜，缓以承之。又如气浮于上，而灵光已露，深葬之则气从上过，故宜浅葬。如木之有华，水之有珠，其英华尽露于外，深之则伤其质矣。又如气沉于下，而皮肤粗刚，美含于内，不以深取，则气从下过，故宜深葬。如顽金之开孤取水。厚土之破角见金，皆于深而得之也。譬如果实之味，皮不佳而肉佳，其精酿在内，所宜深取。今人不察气之浮沉，而概用浅葬深葬者，皆非也。古人谓深葬发迟浅葬发速，所见诚然，但欲速发而概用浅葬，则失古人之意矣。水木龙多易发，正以其气之可浅葬耳。此又论气之久远者不可不知也。

【图注】

此为平岗气脉图，不论气脉自何处，都应该有缠护的，龙行怕风所以风水讲究藏风聚气，消煞纳水。

【白话点拨】

强调要以气脉走势的缓急深浅来决定葬的缓急深浅。平地气脉在地中运行，微微显露脊形，在结穴之处才有明显突起，如同牛在水中只露一点脊背行进，偶尔仰起呼吸，应该抓住这个机会；山地气脉豪放，如同蛟龙出洞，气势如虹，葬时利用它的余气即可。气浮在上的地宜浅葬，气沉在下的地宜深葬。

【原文】

龙穴有阴阳，砂水亦有阴阳；龙穴有生死，砂水亦有生死。

此以砂水之阴阳生死而论气者也。龙穴之阴阳生死，前已论之详矣，砂何以分阴阳乎？亦开面而舒坦者为阳，以反背而峻赠者为阴。譬之人然：其在正面之间，自然开面平坦而为阳，其在背面，自然反背顽硬而为阴。有面则为向我而有情，无面则为背我而无情。非惟龙穴贵阳，而砂亦贵开阳也。水何以分阴阳乎？如水之来去屈曲，悠悠洋洋，沉沉浑浑，则舒徐沈凝而为阳；其细如绳，其直如矢，其急如瀑布，其斜如反弓，则急遽斜反而为阴。譬之人然：其血脉流通条畅，则呼吸之间自然和平，吐纳之际自然调适，不疾不徐，无反无逆，乃可无病骤然而入，颠读而出，不见安闲沉静，便是病到。非惟砂贵开阳，而水亦贵开阳也。砂之生死何分也？砂无论龙虎案对只是情。向朝我，有面有目有手有足，拱揖环抱，直若仆之从主，妇之从夫，有唱有随，有呼有应，岂不是个有情有意有生发的！譬如人之相见，有卑于我而畏敬我者，有等于我而亲爱我者，其面目虽各不同，而要一气喜喜欢欢雍雍肃肃之意，无不同也。看其面目开发，情意颇恋，则为活动而生，否则直硬顽悍，呼之不来，驱之不去，则为无情无气而死矣。水之死亦以直急返逆，不顾不凝而然。要之砂水生死又总在阴阳上见。盖宇宙间物，总是逢阳则生，逢阴则死。又如人之结胎，男精属阳。女血属阴，阳贵有余，阴贵不足，是故精盛则结，血虚则受，一以阳为主也，又如人之既死，母血先败，父骨犹存，其可收纳天地之气而荫生人者，全在父骨，非一以阳为主乎！又如大而天地，天气为阳，地脉为阴，若非天行至健，顷刻不停，三光为照，雨露为润，一阳来复，万筋乃吹，则地何能生乎？是天地一以阳为主，此乃堪舆家论生死之大关系也。古来大哲见实主此间，亦论及而未尝揭以示人，岂以千古不传之秘，帐以神会而非以言传者乎！

【白话点拨】

不但气脉和穴地有阴阳生死，穴地周围的山水也有阴阳生死之分。

【图解】

太极八卦图即阴阳双鱼八卦图，负阴而抱阳，阳中有阴，阴中有阳。阴阳是互相依存、互相制约的。太极八卦图阴阳双鱼合抱，体现了阴阳依存的关系。

【原文】

气有虚实，法当以实投虚，以虚乘实；气有先后，法当先到先收，后到后收。

此二段乃以主穴之进退饶减而乘气为一法。前段言凡胤息之成，初结胎时，以阳精为主，气为胜而形未实，故虚而属阳，阳则不宜缓承，宜中正以乘之．如平面太阳作金盘堆果、如百般花味总居心之类是也。既成胎后，以阴血为主，形为实而气已敛，故实而属阴，阴则不宜急凑，宜脱脉以乘之，如珠则穴其旁、乳不可当头是也。此以进退虚实之间论者也。后段言结穴之所如左插先到，则气归于右，则宜挨右以收左砂；如右插先到，则气归于左。则宜挨左以收右砂。古人谓两官齐到中乘平。气虽耐久而发常迟，先到先收，气从挨倚．乃迎财就禄而发常速，正是引此意。此乃饶减收放之间而论者也。

【白话点拨】

气脉有虚实先后，葬法则需要随之而变。

【原文】

傍城借主，须详审乎乐托；就向拗龙，当消详乎明堂。

此二段皆借外气以乘内气，乃坐向中之作法。以龙之来不宜正受。有侧落。有翻身落，不无脱去本来之势而傍罗域，或傍水城或傍禄储峰。此皆借乐托以为主，而凭外气以为聚散者也。故曰傍城借主。又有龙气直来，似宜正受，乃入首之处无面目，向方之处则无情，使不成局，故当看其明堂何堂开局，便当拗龙而就之，所谓以龙定穴，以水定向者，正谓水之聚处，则有明堂而成局，便当准此以定向方，不必拘拘于正受也。《拨砂经》云：无局不言龙。可见局之所在，即龙之所止，故有就向拗龙之法。

【白话点拨】

讲气脉结穴的判断，也需要参详周边水或明堂的情状。

【原文】

点穴须求三静一动。认气须要百死一生。

此以动静生死而识气脉之真假，最为关要。何谓三静？案对要静，开面朝拱而无压逼走窜；龙虎要静。内向怀抱而无他顾飞腾；水城要静，绕环凝聚而无反背冲激。中间惟见穴场之所。一脉活动而有精神，此则三静一动，其穴乃真。而认气则于穴场中看其精神。何者是其精神发越处？即如孩儿头一般，头上之骨皆坚，而惟囟门独柔，一呼一吸，可浮可沉，此真生意处。古人以化生脑不取象于头而取象于孩儿头者，极有味也。他如厚中取薄，薄中取厚，静中取动，动中取静，必皆余气尽死，而惟此一点独有生机，乃为生气。不然则亦今人所称菩萨面，死鳖背之说而已，最宜细察之。

【白话点拨】

所谓三静一动，是指案山要静，左右的青龙白虎要静，前面的水城要静，唯穴场中生气活动，精神勃勃。百死一生，指各种各样的客气、煞气尽死，只有穴场中一点生气独存。

【原文】

有弦有棱则形真，若涌若凸则气到。认气难于认脉，葬脉岂如葬气。

此乃于入首微茫处认出一点灵光之气，为堪舆家至要，亦至诀也。前段言一入穴场当先认形，随即认气。如穴场必有弦棱，则蟹眼、虾须之水乃见，始能成胎。蟹眼是凸穴，其中圆满而起，如蟹眼然，外有蝉翼砂为之阴护，而水微见，谓之触眼水也。一有蝉翼砂则弦棱成矣。虾须是窝穴，其中翕聚，如虾须之抱掬然，外有牛角砂为之明护。而水明见，谓之虾须水也。一有牛角砂则弦棱成矣。弦棱成则气聚而不散，天心自然涌凸，乃成胎息。若天心沉陷，乃是花假，不成穴矣。气脉何以分别？凡脉之行，必须敛而有脊，乃见草蛇灰线。形虽不甚露，而未尝无形也。凡形之有脊而敛处便属阴，阴则有煞不可犯。平坦圆满则为气，如人之身服，犹按之有脊气，则充满遍而无凝滞，乃属阳，阳所宜乘也，但脉易见而气难认耳。谓葬脉不妇葬气者，正以脉犯阴而气为阳，当葬气也。如前所称太极晕及天轮之说，正是气体耳。时师多能葬脉而不能葬气者，以其原未明此，故祸常多而福常少也。夫苟形真穴正，而又能辨乎气脉，则为人造福，百不失一矣。

【白话点拨】

真正的好穴因气聚不散，造成小明堂中心若涌若凸。气脉二字，气是因，脉是果，气无形而脉有形，故辨识生气要难辨识山脉。葬的目的是要利用生气，而仅仅只去关注山脉而不综合考虑生气的情状，则谬矣。

【原文】

法葬之葬，法在形里；会意之葬，意在形表。

此以穴情变态不一，有穴藏于拙，以人力而剪裁之者，有穴隐于微，以意向而融会之者，此之谓仙踪，凡论气者不可不神会也。夫论穴先论形，乃有形不足以成穴者，如顽金而不少开窝，其刚饱岂可言穴？则当细认其中之微凹处，便为生气，须以开孤法，大用人工，取出水窝以葬之，此全以人力而成，谓之法葬。又如水窝太深，乃阳中之阳，不可言穴，然真气既蓄，必然有结，则宜于窝内或填以土，或垫以石，如龙强，又或垫之以木，须用填实其窝，成个阳中之阴，取披架于其上而葬，此乃虚而实之之法。亦所谓法葬也。他如骑刑剪燥，开孤截荡，各各有法，亦当培则培，当削则削，宜虚而虚，应实而实之法度也，是以杨公有法葬之条。又如有真龙正脉尽钟于此，情势局面亦尽会于此，乃考之穴情，则无真正入相形穴，古人一惟会其精神所聚之意。如官坑梁上挂金斗地，乃在穷源僻坞高岭绝顶之上，两边山势俱是不止，行去且有十数里余，此亦形穴所不相者，但观其气势，则两边龙回虎抱，前面朝对，自近案横栏之外，一望可百里许，远远见鹅子尖为正朝，鸦峰峙左，大茅峙右，三阳并耸，万峰俱朝，去水虽有一二十里，然一折一回之玄，九曲不见其去，穴下余气。亦自成个小明常，如在平地，不见其倾，立在穴内，惟见上聚之派，天清之气，高朗恢弘，森严翕聚，俨然一圣贤清高气象，故当时则用顶门百会之穴而葬之。龙是横来，入首处微有土金贴体，取象金斗，则亦以意会之耳。又如坑口麻榨形，龙自高山脱下平洋，阔有十余亩，下脉处虽亦有来龙发到，前面却是一片铺阳，其于窝、钳、乳、突四字，全无佐证，又无龙虎涣风扫来，不可为穴，然真龙既到，却是大结作，当时赖仙只会其中气正聚之处，大开深槽，阔一二丈，长有三五丈，深办五六足许，取象油槽，喝作麻榨形，穴顶槽头，取槽沟以聚气，一取槽沟当作龙虎以蔽其风。若论穴岂有此等？盖亦会意作之耳，此其法又在形之外矣。

【白话点拨】

本段讲法葬和会意葬。法葬指穴地有缺陷，用特定的人工方法弥补。会意葬指难以有明确的形状作定穴的依据，只能看山形气脉聚合的情况推测判断。

【原文】

龙之贵贱以格辨，龙之正余以祖辨，龙之大小以干辨，故同龙论格，同格论祖，同祖论干。龙之去住以局辨，龙之偏正以堂辨，龙之真伪以座辨。故同龙论局，同局论堂，同堂论座。

前一段论龙之来处，后一段论龙之止处，皆认气者不可不辨。

夫龙何以分贵贱也？如龙之体势，或以五脑，或以三台，或以华盖，或以玉屏，或以诰轴，成何贵格则不论，龙之二三五节，或长或短，而有此状样，便以贵论矣。要之以穴后一节为主。廖公云“穴后一节为龙格”是已。然龙有贵格而官不尊、福不永者，则多承祖分家之处不得其正耳，故须看其分祖之处为正为余，而后官之尊卑、福之远近可辨也。分祖之处，必须起祖垂肩，成何星辰，成何品格，方为正降。又有祖龙得其正脉，而贵不列于上卿，富不侔乎敌国者，则其枝中之干，而非干中之干，故其力量终不足以揽全胜、当大任耳。盖有百里之干，始收百里之形胜，有千万里之干，始收千万里之形胜，又岂可以眼前之器局分大小也。凡论龙之来处，一当以此为准。龙何以定去住也？夫龙必有巢穴乃蟠，故凡一到方所，看其城垣关锁，局面宽圆，成个巢穴，则知龙之归宿在此，然有于此则为正、于彼则为偏者，以堂在此不在彼也。昔人所谓山归成龙，水归成穴，正以堂之聚处为水所归耳。乃又有堂正而穴不真、葬不发者，以入首之盖座在此不在彼也。盖座如木秀华盖、土秀冠盖、金秀宝盖之类，犹是众所共倚，又如乐托、禄储、衬贴之晕，亦是显而易见，只如化生之脑、天轮之盖、太极之晕，任其左闪右倚，俱有隐隐盖覆之意，此是入首真盖座也。必有盖座而穴乃真。譬如都邑之间以龙之垣局，即城郭也，以龙之穴场，即堂厅也，以龙之座向，即台座也。凡论龙之止处，一当以此为准。

【白话点拨】

山势来时品格有贵有贱，从祖山分开的地方有正有余，主干与分支有大有小，因此辨认山势先要看品格，若品格相同就看分祖，分祖相同则看是主干还是分支。山势停止而结穴时时有像城郭一样的大局面，有像厅堂一样的穴场，有像台座一样的葬所，辨认时如果大局相同看厅堂，厅堂相同则看座。

【原文】

凶星不无夹杂，只要有胎有化；吉曜纵然雄耸，亦要有精有神。

此言认生气于微茫者所当致审也。如五星得共正体无论矣，有如直硬之木而微带泡节，有水之意，如扫荡之水，而微露坠块，有金之意，是为逢胎，则就其母而子有靠，不为败也，又如火金相战为天罡，但看其中微有水窝，则从其微窝而大开深取，以成水体。盖金刚饱而用水以泄之，则以泄而化其凶也；火伤金而以水制之，则以制而化其凶也。此以人力而为化煞者。又如粗粝之土而微露金意，则以生而泄其气为化，如太阴之角带火然。金盛而火微，可足以陶熔乎金，而金反粹，则以制而成其美为化，此又生成之自然而化气者。如出身自不逢胎，又不逢化，则难下手矣。又如冲天之木本美，然望之而险峻，不秀不雅，是木无华。又如献天之金至耸，然望之而顽蠢，无体无仪，是金无色。又如焰天之火亦至难得，然望之而峻嶒，非笔非剑，无影无焰，是火无光。又如平天之土、涨天之水，皆是尊贵，然望之而非屏非阁，无波无纹，是土为壅而水为荡也，何足贵哉！又如贵人在衙，形便要有个堂堂之气象，将军按剑，形便要有个威权模样。又如仙人跨鹤，形便要有个清风高韵，若文而不雅，秀而不严，清而不高，便是无精神，亦不发福，何足贵邪！此证星辰者尤当证其精神。大抵山有体魄，有精神，认体魄易，认精神难，此非别有大窍，未易语此。

【白话点拨】

山体的好坏不能绝对化，要以变化的眼光来看。带凶煞的山有胎育化解同样好，吉利的山如果看上去没有精神，同样不好。认精神大于认体魄。

【原文】

陵谷变迁，山川改色，造物固自有时；控制山川，打动龙神，作用亦自有法。

今人但见先贤作用，有甚奇甚隐又甚；迂而不可测度者，便以为幻妄而肆讥诉，不知造化尚无定体，尚无全功，不无与时推移，岂以人为而不随时随俗以为之裁成者乎！昔人所谓“人不天不因，天不人不成”者，非虚语也。大如黄河南徙而气运亦南，小如金沙滩出见而牛僧果应内召；又大如黄河清而圣贤出，小如壶，公以时易色而两郡人材兴替随之，此非造物固自有时乎！又如徽郡之城设弩楼以射五鬼，丁源之墓开油槽以应麻榨，杨公所谓如睡如蒙，或发以钟，廖公所谓灭火灭瘟，则凿其地，至今其应如响，此非作用亦自有法乎！凡如一枝一派山水，则可眼前而定，至于大形大势，或以近应，或以远应，其应验固自有时。盖山水既非眼前点检得尽，则福泽赤非眼前计量得尽也。且如前贤作用，有应之当年，亦有应之数十年及千百年者，皆不可以寻常耳目窥测。嗟乎，嗟乎，自非神心慧识，孰能当此乎？

【白话点拨】

总结本篇。天地万物都在变化之中，风水术也要随之变化，不能太拘泥死板照本宣科。

理气章诀序

【理气注】

风水又叫勘舆，即上勘天文。即下舆地理之意。握天星的变化，了解地气运行的原理，察知天星与地气相交汇之点，使人能乘其旺气而发达，避其衰气而免于凶应，即勘舆师之责，也是我们研究风水的目的之一。所谓理气，就是讲阴阳选择变化之理。即是了解阴阳五行气势运行与变化，并调理使用之中和利已。不偏不倚，阳盛则阴衰，阴强则阳弱。譬如水能养木，亦称水生木，但水如过盛，木则为水所漂，非但难受其生，反受其害。相克亦然，如金之克木〔如斧之伐木〕，所以木多反而喜欢金来克制也。地理讲究峦头为体，理气为用体用结合。讲理气首先讲阴阳五行相生相克基本之理，另外重在罗盘的使用上，在这我再讲解一下罗盘的基本情况：研究风水，理气方面一定需要罗盘。

【原文】

地无精气，以星光为精气；地无吉凶，以星气为吉凶。

【四库全书注】

今之论堪舆家者，类以形体为体，天星为用，甚至以形体为实，天星为虚，而竟置星学于不讲，岂知宇宙间精光在天，体魄在地，卜地而不及天星，则体魄止死块耳。盖下之河岳，即上之天辰，原非二物。如天东有苍龙，在九天谓之苍天，其下即为东岳，北有玄武为玄天，其下即为北岳；南有朱雀谓之炎天，其下即为南岳；西有白虎谓之昊天，其下即为西岳；中有北极谓之钧天，其下即为中岳。又如上有天河天汉，而下即有长江大河；上有三垣九野，而下即有垣局以域王城，有分土以域九州；上有十二次舍三百六十五度，而下即有十二支辰分限。又如人之生也，头顶圆而象乎天，趾履地而肖乎方，手足象四裔，腹心象中土，两眸象日月，游行运动象四时。又如一物一器之类，任地所有，皆天之所为，岂有天光地德而不相蒙者哉！乃若星家若稗若甘之所占，其于灾祥有符契券，地气所钟，其吉其凶有不与天通乎？是故古人有云：神仙之地，多发天门。以乾为天，而且气为纯阳也。帝王之地，多起金龙，以角亢首二十八宿，且天角帝席所在，又以乾阳到此，正在九五之宫也。后妃之地多从地户，龙飞凤舞，乃在乾巽之交也。翰苑文章之客，类多太乙天乙，以两贵人为天司文章之府也。台辅宰执之器，类多离壬，以三台在离，最近太微，四辅在壬，最近紫微，皆在帝座之左右也。忠艮仙圣之风，唯民为多，以艮宫一星，最为明赤，其光异常，故异人异气多产于此地也。又如将帅边臣，武弁悍卒，多产于娄金度，以娄金为煞，而且魁罡所陆也。神坛古刹，寡宿孤神，多出于井鬼度，以鬼金为暗，而且太阴所栖也。又如太阳在午，而诸凶俱不敢临，有君之象，以故建都立郡，一皆向离而居，盖象天星焉。他如诸星各各有主，而各各有应，岂曰渺茫乎哉！故《葬书》中云乘生气者，人但知认有形之生气，而不知认无形之生气，正在天光下临、地德上载之二语也。杨氏看行龙多用斗枢之九星，如贪狼、巨门云云，以斗构居中而运方，故行龙取象马。廖氏看入首则用流行之七政，如太阴、太阳云云，以七政运行有常有变，而吉凶最切，故人首致详焉。其法一准诸天星，非臆见也。

【白话点拨】

下卷主要谈理气。风水地理要跟天上的星辰对应起来讲，因为大地只是宇宙的体魄，而星辰却蕴含着宇宙的精气，精气吉则相应的山水吉，精气凶则相应的山水凶。在天成形在地成像。

【原文】

用先天以统龙，当详明于四龙天星；用后天以布局，尤宜审乎三盘卦例。

此二段以先天后天为定龙定穴之纲领，乃乘气中第一务也。大抵先天分位，乾南坤北，离东坎西，震巽艮兑居四隅，乃阴阳对待之体。然乾坤虽云天地定位，实为阴阳之老；坎离虽云水火不相射，亦为阴阳之极。以四卦上下二爻皆纯阴纯阳，无化气也。唯艮兑震巽四卦上下二爻皆阴阳相配，乃合冲和之象，有化生之机，且以地法翻势配合天星，则民为食狼，兑为武曲，巽为巨门，震为廉贞，经以贪巨武为三吉，又云：大地若无廉作祖，为官也不至三公，曾文辿所云龙看地起祖，有降势，有入路，有出面，有气钟而形吉，有脉息而枝分，大要不出四龙天星之外，正谓此也。《龙歌》中云：二十四山艮兑亥，此是乾坤正龙格，艮亥江南奇，江北宜西兑，庚辛丙丁是天干，寻得真龙实为最，震巽二卦看东西，百里之间妙相会，阳贵离与壬，阴贵艮巽兑。此于四龙之外，而又取乎亥，又取庚辛丙丁，又取离与壬者，何也？从天星也。艮兑巽一为天市垣，一为太微垣，一为少微垣，亦列垣局，所以为贵，况亥为紫微垣，位居北极之草，尤垣局中之最贵者乎！乃庚辛丙丁之亦贵者，则以艮纳丙而称食狼，巽纳辛而称巨门，兑纳丁而称武曲，震纳庚而称廉贞也。夫离与壬何足贵乎？以离居正阳之位，诸星到此，俱为拱状，实擅其尊。如壬与亥同宫，最近微垣，亦为最贵。又如巳为紫微垣之对宫，称帝座之明堂，今人以辛丙丁合艮兑巽而称六秀，又以亥巳六秀称八贵，又以离壬而称阳六秀之首吉，皆从天星也。昔所谓统龙法者，推而行之，大义实不外此。夫后天之势，乃分阴分阳之义，从乾至坎至艮至震，皆为阳，列于东北，从巽至离至坤至兑皆为阴，列于西南，其意以为乾坤为老阴老阳，退处西北，以六子施生布列于东南，乃致用之学也。辨方定位，古人用乎后天，意取诸此。然古人又有三盘升例之说者云何？正以方位中有吉有凶，有贵有贱，不可以无辨耳。故《素书》以浑天六十龙装卦取本来山水中四吉三奇贵人禄马以定坐穴之吉凶。昔人所谓用内分审山水，以定坐穴之纯驳者，即此卦也。《宝镜》以七十二龙装分取坐向山水中四吉、三奇以推本来山水之吉凶，昔人所谓用本分审入穴，以推山水之吉凶者，即此势也。又如龙脉不合浑天天盘中之四吉三奇，则求之地盘坐向，又如坐向不合四吉三奇，则又于坐向内所串之天盘看是何属，又于此卦取四吉三奇，所谓外卦是也。然要之吉凶贵贱，一当以龙为主，如四吉三奇禄马贵人，俱当以龙定之。至于乘气中紧要处，又全在平分六十龙上探讨，当以蔡西山氏所定《详节天表》六十龙之分度为准的也。盖天盘盈缩，则六甲有多寡之差，穿山七十二，则六甲有断续之间，以之乘气，岂为当乎？故三盘卦例，古人用之以取四吉三奇贵人神通马则可，若以此法用之乘气，非其旨也。故乘气分度，用蔡氏之平分，乘气分金，用赖氏之挨加，乘气分金算度纳秀迎官，则《素书》浑天之卦例，斯于堪舆之学，思过半矣。

【白话点拨】

明白了四龙天星和三盘卦例，才好辨识山形穴地。四龙天星是指八卦中的艮、兑、震、巽四卦可匹配山形中的贪狼、武曲、巨门，廉贞，又对应天上星辰中的天市垣、太微垣、少微垣等贵星，再加上十二地支中的亥，便对应最尊贵的紫微垣。三盘卦例，实际上就是用浑天盘定方位，分阴阳，有内卦、外卦的名目。浑天盘上有九天星辰、地上方位、五行八卦、天干地支，理论不同，配合也不同，错综复杂。

【原文】

以龙定穴，须审入路阴阳；以水定向，须看归路阴阳。

此二段乃以龙上入路归路之阴阳而乘之为一法。如一亥也，从庚酉辛而来，是左边来，为阳，则亥为阳木，从壬子癸而来，是右边来，为阴，则亥为阴木。其五行生旺便以此而分，此杨公以龙之来路分阴阳也。又如庚为阳金，墓在丑，丁为阴火，亦墓在丑，此所谓斗牛食庚丁之气也。又如乙丙交而趋戌，辛壬会而聚辰，金羊收癸甲之灵，俱是此义。昔人所谓墓合者如此。故如亥龙从南转东而入北为阴，即为乙木，或有丙水朝来归戌而去，即宜立丙向。此真阴阳交媾之法，刘公《天机秘要》消水立向之法，全在于此，以龙之归路分阴阳也。

【白话点拨】

讲认穴之法。若根据山势辨认，要从来路上看是阴还是阳；如果根据水流辨认，那就要从去路上看是阴还是阳。

【原文】

入首入手，则龙与脉之所由辨；分金分经，则来与坐之所由分。

此二段一为初定穴时工夫，乃来脉坐度之紧要在此。何云入首？今人所称到头是也。凡到头看是何龙，如入首是阴，却审后龙多阴，则阴为真落；如后龙多阳，则阴为伪落。古人作法多从大势，以后龙为主，故多舍去伪落，虽不利于初年，所不恤也。如初一节星体甚秀，又有向合，又有水合，则初年可以催官，先哲亦间取暂福而用之，此一山一水之作用也。若大地则不以暂福为福矣。此入首为开山立向之最紧要也。何云人手？如人之取物入手，乃其实受用处，盖指穴中之气脉言也。古人所谓草蛇灰线之脉，正以入手言耳，若有草蛇灰线，则脉络分明，真有气到。然气与脉又有分者，以敛而活动处则为脉，既有敛聚，则气从脉行，但不免终属阴耳，阴不可乘，故必到有员晕处，乃阴不到而属阳，方可葬也。此入手之至精至微处，尤为紧要，初定穴时，全在此处加功。何谓分金？如亥有五亥，一以辛亥丁亥为旺相，而巳癸为孤虚。孤虚不可入，旺相所当乘，盖从甲子乙丑之金分来，而其吉凶美恶不可不审择也。此乘气中之最紧要处。何谓分经？二十八宿乃天之经星，浑天五行于二十八宿中又各有分属焉。其与分金纳音五行相为生克制化者也。穴中有来脉，有坐度，来脉重分金,，坐度重分经。然坐度为寄寓，来脉为本生，而寄寓又所以佐本主者也。此乘气中趋生避死之最紧要处也。

【白话点拨】

入首指山势的尽头，看是属阴还是阳；入手指穴中气脉是否聚凝，且气属阴，脉属阳，气从脉行，乘阳气方可葬。分金指一个方位因为五行八卦配合不同而出现多种情况，有吉有凶；分经指据天上的二十八宿判断地下的分属。明白这些，才能在葬时乘生气。

【原文】

脉有左右落，则脉可辨真伪；气审左右加，则气可别淳漓。

此审落脉处用挨加剪裁，为乘气中最要紧处。《地理筌蹄》云：巩皇左落那堪用，若遇右落可裁晕。皇源左落真贵显，右落壬七产荒凉。言亥之单行，则纯粹不杂为吉，若乾与亥双行，须看所落何如，左落则乾多不可作，如右落则亥多，犹可裁量，若壬亥双行亦然。夫乾为反而亥为右者，以面对来脉而看，则乾左而亥右也，凡认落脉当如此辨。赖公《催官篇》云：天星气射天厩星，微挨西兽加壬行。天厩穴空始为吉，左耳受气官资荣。言乾与亥纵非双行，其立穴处须要挨加得法，乃不为杂气所侵。如以天皇而穴乾向巽，要微于右边加壬，则全受亥气而不沾乾，则天厩之穴始空也。凡言西兽者，皆以右之白虎为吉，非以西兽为乾也。今人解作穴挨乾而气加壬者，原不知加壬即是穴场中气线移加壬边立心标也。盖心标既立，则坐向可任转移，或为天星，或为分气，皆听裁酌，特穴场中之心标不动耳。古人云：用卦不用卦，卦向穴中作。夫谓穴中作者，正以在穴场之中从卦气，非于穴场之外从卦气也。来山与坐下有辨，来山是指来龙入首，坐下是指穴场中入手。此云挨加者，指坐穴之脉细微入手处也。父母之下，束气结咽，乃成胎息，此为入首之山，所谓主星是也。入首即是到头，一节到头，开面又必草蛇灰线之脉，天轮太极之晕，此为穴场，即为人手之脉，所谓穴情是也。故凡定坐向，以龙之入首定穴情，以脉之入手欲乘生气，此其紧要，吴、赖二公之所最为究心处也。

五帝钱

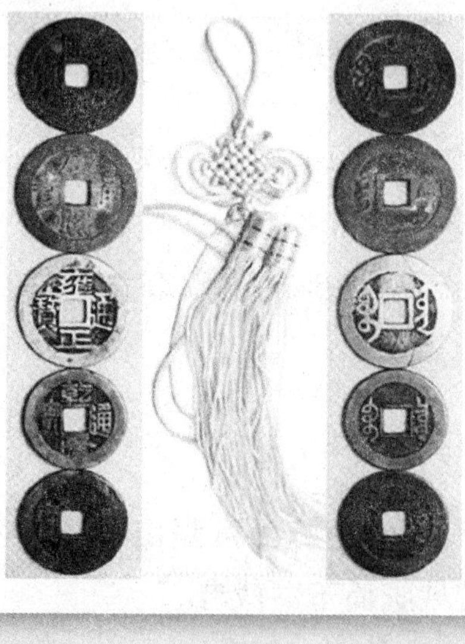

【图解】

五帝钱是指清朝顺治、康熙、雍正、乾隆、嘉庆五个皇帝的铜钱，铜钱外圆内方，外圆代表天，内方代表地，中间的黄帝年号代表人，三才具备，力量强大，可挡煞、避邪。用时把五帝钱放在门槛内，可挡尖角冲射、飞刃煞、枪煞、反弓煞、开口煞；也放在身上可以避邪。

【白话点拨】

讲如何辨识气脉。以气脉从来与止的方位同五行八卦的配合，去判断是应该偏左还是右。

【原文】

龙脉有顺逆，乘气自当有辨；五行有颠倒，作用各自法。

此言来龙生旺之气不同，而乘之者亦不同也。如同一亥也，《催官篇》云：迢迢西兑入天皇，清贵翰苑夸文章。益亥属水，兑属金，从西兑入天皇，是金能生水，则亥气为旺，此用正五行而论生旺者也。《青囊经》又云：坎癸腾腾入亥乾，丙向夹蛇阡。何也？益以癸丑属金，壬子属水，乾亥属木，丙属火，今由癸丑金而生壬子水，水生乾亥木，木生丙向之火，此又用双山五行而论生旺者也。赖公用正五行，杨公用双山五行，作用各自有法，一主于乘生气而已。

【白话点拨】

这山形气脉有顺有逆，要根据实地的情况来辨识使用；而五行配合也有正有反，根据不同的境地使用不同的方法，如赖公使用正五行，而杨公则使用双山五行，都达到了妙用在乎一心的境地。

【原文】

气有乘本脉而不容他杂者，气的借旁脉而可隔山取者，气有合初分脉而不为遥远者，气有串渡峡脉而不邀截者。

此乃认脉之真正而乘气为一法。《梅花院纂》云：亥无鳞甲用心安。又云：隔山取气君须参。益以亥之两旁为乾为壬，皆不可侵，所谓无鳞甲也。此以本脉宴气也。隔山取气，如巽巳丙原属阴，丙可借巳，巳可借巽，皆可隔山而借气，此以隔山而取真气也。《玉尺经》云：来龙不脱来龙气。此乘初分之气言也。如以亥脉起祖，至入穴仍复亥脉，其气与祖合也。又云：三峡三关元复元。此以渡峡之气言也。如以亥脉过峡渡关，至入穴处仍复亥脉也，亦为真气。何者？过峡处实为束气受胎之所，所以为真耳。盖凡气脉之真，自有父子公孙相肖处，此认气者不可不加察也。

【白话点拨】

本段介绍了气脉的变化。有的气脉纯正不能混杂其它，而有的气脉甚至可以隔山来借取，还有的气脉不管相距多远、甚至过关穿峡都不改变其本来的走势。

【原文】

龙穴无足寸之移，受气有耳腰之异，分金有转移之巧，气线无毫发之差。

此二段乃以挨生弃死、存真去伪、凝承贯棺、荫骨一线之气为一法。前段言穴之凝结，或以正穴而为窝钳乳突，或以怪形而为骑形剪火，开孤截荡，或以正落而为本山本气，或以伪落而为斩关借寓，要皆有不可移易之穴场也。岂可尺寸移哉？乃受气则不然，或于行龙出脉，有顺有逆，有横有直，有隔一宫，有隔数宫。其受气或耳或腰，内接生气，外接堂气，甚不可拘泥也。先贤以人力而敌天工，全在于此。若谓星分用事，并其生成之穴法而移之，则谬矣。气线以人手束气处为主，如艮龙人首，戊寅为正气，且戊寅为土，亦为本气，所谓坐下自旺，无待补助矣。若或丙寅七艮之气则属火，反生艮土为泄，乃失之弱，宜用分金生养穴。如作甲山庚向，宜用庚寅分金，以庚寅之木可生丙寅之火为生旺也。盖二十四字为父母，六十龙为胎急。凡胎息以生，父母为泄，故丙寅之气坐艮中为弱也。此于坐线之分金，可以转移而无定格，若气线不可有差者，以在束气入首之处生定此气，不可改移，及至穴中挂线乘气，如稍浸癸丑，则居三丑之地，便非艮矣，岂可毫发差哉故凡气既定，乃挂坐线，坐线既定，又当挂杂气线。如艮龙入首有三分寅气，便当挂寅气一线，若作甲山庚向，则挂甲庚坐线，至于气线坐线交界之所，便为右耳乘气之所，又当于交界受气处看寅气何如，如有寅气冲入，便当趋避，脉路来急，当退下一分以避寅气，脉路来缓，当进上一分以避寅气，则艮之真气乃贯棺而无夹杂矣。此则至精至微不可毫发差者也。乘气之吃紧处在此。

【白话点拨】

这一段讲穴地不论正与不正，都有其确切的结穴位置，不可移动一分。但接受生气则不能太拘泥，要视具体情况而定。方位上如果五行不合，在一定的条件下也可转移，但气线是生气入首就生定了，不能有丝毫差错。

【原文】

乘气当避中气，故取三七放棺；分金宜乘旺气，亦取三七加向。

此二段言气线坐线但当避煞迎生，乃乘气中之第一紧要。宇宙间一逢中气，即为衰渐，故罗经中以戊子已丑为太空亡正，以其度数界在五分中气之间，为无生机也。如《催官篇》亥龙坐壬向丙，略加乾位，慎入巳亥，坐乾向巽，略加壬位，受癸亥之七亥三壬，正合此意。又如分金加左加右，多用三分，正以三分则在丙丁庚辛之上，不犯戊已杂煞及两边交界之中缝也。分金用丙丁庚辛，原《阴阳正源》载实卦气之在兑艮震巽者，为阴阳相交，故称旺相。要之论乎乘气，则从丙丁庚辛作分金，亦不犯冲中之破，而一切空亡关煞可无患矣。

【白话点拨】

葬时利用生气要避开下冲的煞气，放棺应在三分与七分之间；在同一个方位上不同的位置中接受旺气，也不宜在正中位置，也需要三七之偏。

【原文】

脉不直而气直，何畏直来直受；气不斜而棺斜，乃为正贯正承。

此二段正《催官篇》中承气之妙诀。《催官篇》云：赤蛇头向天门北，直来直向神功烈。巽丙受向最为良，富贵荣华人英杰。夫直来直向为气冲脑散，然或左而加巽，右而加丙，微微斜受，便非冲脑。且看入手之脉脊何如，一有草蛇灰线之玄，曲折而入手，不为犯阴，则以挨加之法而裁之，何畏其直。所谓脉不直而气直，不为害也。若果入手亦是硬直，则所谓撩山劈势倚加插粘之法，岂可少哉！又云：背一面九，乘天补气，从右耳为合矩，穴宜挨左，加天皇富贵，荣华震乡土。此言壬龙坐子向午，得丙子正壬之气，以贯右耳为合法，穴宜挨左，以取甲子七壬三亥之气。放棺合丙子正气为左辅。夫不取正壬而取七壬之气者，正为挨过七壬则正壬之气斜斜贯耳，正气为无亏矣。此棺斜受而气乃能正受之法。盖贯耳是一定之气，放棺是左右挨加，而为乘气之活法也。《催官篇》之妙诀正在于此。

【白话点拨】

正对着气脉下葬是原本是不好的，但若是脉脊有如草蛇灰线，曲折而来，就不怕直来直受。而生气之来，又以穿过右耳为佳，因此下棺时稍稍偏斜，正气反而无亏。

【原文】

龙以脉为主，穴以向为尊。水以向而定，向以局而分。

此以水与穴皆以向为重，凡论气者不可不论向也。凡葬法内之乘气，一以脉为主，亦以正五行为主，别无他门。若坐穴立向，则虽内以乘龙，而实外以消水，其法多端，不可不详审也。如亥入首，水自寅艮来，由戌乾去，若以双山五行属木，则冲破胎养，以正五行属水，则冲破冠带，俱不合度，当立丙丁向，则水可消。盖以玄空五行论，则丙丁属火，其墓在戌，乃可收寅艮之水而发福，此以玄空行收向上之水也。水有息道漏道。从人而成，至山向而折之乃漏道，则生成之局非人为也，故古人定向在于收局，当用双山定之。如卯龙巽庚，水朝金局也，出艮方则金气已成，当立庚向。盖从煞正为迎神避煞之法。又如卯龙见寅艮，巽巳丙水朝，是成火局，当迁辛向。盖木龙见火局不免为泄，然迁辛向对看去流，此从休囚出水，亦乘生脱煞之一法也。昔人云：无绝水，有绝向。盖山水已结，未有不可葬者。或水有不合，当于向上转移而消之。自古立向消水，有许多法度，非以滋后人之惑，只是令人有个法度，以合山川之性情，不至拂逆而有败地耳。是故法度不必尽合，只合得一种便可作福。若合诸家，而曰吾用某种水法，自以为确不可移，夫山水性情变态不一，而苟执一法以合之，岂不谬哉？

【白话点拨】

山势的优劣以气脉来区分，穴和水则要根据方位来确定，而方位的吉凶又要综合考虑大局面如何。

【原文】

来路看四生，坐下看中绝，局内看三合，向上看双金。

此四段乃以各家五行论气而为收山出煞之法也。来路何以看四生？昔人所谓地有四势是也。如水土龙从坤申庚兑而来，至壬结穴，是从生方发足，旺方到头，此为生旺之龙。其发福必大久。又如水土从东方来，则为克泄之地，一发便衰矣。凡看龙用正五行法当如是。坐下何以看四绝？如艮龙入首，作壬山丙向，水从乾亥方出，则为火绝胎之地。绝胎是禄存，所谓四个禄存流尽，必富贵者也。盖坐下壬属火，艮寅乃火生长之地，而以壬为坐下，则火居火地为得位。又或水从寅甲来，则生养方为食狼，长房必发；或水从丙午方来，则官旺为武曲，中房必发；又或水从丁未方来，则衰方为巨门，小房必发。合此三吉，从乾亥方出，则绝胎为禄存，三房并发，必为富贵悠远之地。若或水从乾亥方出，而误作癸山丁向，为土坐土，则乾亥为临宫之地，冲破临官，中子必败矣，此坐下所系甚不小也。今人但知立向，而不知坐下为当慎，所以十有九败耳。坐下用洪范五行法，当如是。亦有以此用之看来脉者，如董氏明旨亦用此法。凡看来脉，当用正五行，至用洪范五行参而合之，尤为的当理法。局内何以看三合？如亥龙入首，水从卯甲方来，至坤未方出口，是亥卯未三合，此真木局也。又如亥龙至庚结穴，作卯向，水从坤方出口，则龙水坐向皆从木局，合为一家，更生旺矣。看局用双山五行法当如是。向上何以看双金？以辰戌丑未乃四金之地，如丑宫为金牛，则称睹金煞。或作坤向，则玄空五行坤属金，木亦在丑，是丑为一金，坤又为一金，合之则为双金矣。此谓龙向，皆属墓便为双金煞也，犯之必定损丁。即地甚吉，不妨发贵要之人，丁终受伤也。丑左有艮，右有癸，皆属丑分，或艮七分而丑三分，则可不作丑论；若艮丑平分，便有暗金侵之，俱不可作坤向，癸之相兼亦然。又乾坤卯午皆属金，则丑艮之龙于此四向皆为双金矣。凡大墓皆属破军金，推之他龙皆然。盖玄空五行专用以收山出煞法当如是，若阴作阴向，阳作阳向，犹不冲激，或可免祸；若以丑而作坤向，则阳来冲阴，祸更速矣。凡五行颠倒，今人多不并用，不知古人作法各有取义，原属一家，只用之各当，不失古人作用之意耳。洪范五行如丑山未向，坐山属土，坤申为长生，壬亥为旺地，子癸为衰地，故古。人有“丑山高未水滔滔，壬亥拱揖穴坚牢，丙巳出口产贤豪”之说。养生为贪狼，属长，官旺为武曲，属中，衰为巨门，属幼。如破长生则损长，长生来则益长。凡官旺衰水来去，于中小皆然。凡龙与水俱宜来，生旺也。外有八卦五行从纳甲中来，用之合局为当。又有浑天卦爻，其五行用之以推煞曜，以推子父财官，极为有准，此皆五行中当究心者。

【白话点拨】

本段讲了四种风水体系的看地方法。分别为正五行、洪范五行、双山五行、玄空五行。看四势用正五行，山势须生旺才能形成好地。如属水属土的山势从坤申庚兑方位来，至壬亥结穴，这就是从生方到旺方，会富贵长远。看四绝用洪范五行，如从艮位来的山势朝丙位向，水从乾亥流出，这叫火绝胎地，也会带来富贵。看三合是用双山五行，指坦局之内，山势和水的来方去向要相合才是好地。看双金是用的玄空五行，这种方法认为辰、戌、丑、未这几个方位的地是四金之地，如果同八卦中属金的位向相合，即为双金。双金有福也有煞，要避免犯煞而得福才能富贵。

【原文】

制煞莫如乘旺，脱煞正以扶正，从煞乃化为权，留煞正尔迎官。

此二段以生克制化为消纳之法，乃乘气中补泄之一玄机也。如离龙入首，乾亥水朝来正为煞曜，当坐丁向。癸收甲水，以合乾亥，而为乾甲丁之木局，木能生火故也。气合而离火旺，则乾亥不为煞曜，而反为生旺矣。此乘旺制煞之一法也。又如卯龙入首，丙水与艮水从辛而去，一派火局泄木之气，即为煞矣。当作辛向，令煞水宜去，而不蓄于局中，则火气泄而木气不伤矣，此脱煞扶生之一法也。又如亥龙入首。后龙带子癸而来，以双山论属木，水从庚辛方入堂，一派金气，则煞水满局矣，当立巽向。盖巽庚癸原为一家，今以巽与庚辛合，而又与亥子癸合。夫当与合而煞化，则煞反为权，不为我之仇矣，此从煞为权之一法也。又如巽龙入首，辛水当面朝来，所谓一条辛水向东流也。但以正五行论，巽属木，辛属金，则辛金为巽木之煞矣。独以卦气论，则巽辛相纳为配合，以天星论，则天乙太乙为星垣中之两贵人，若山水可作辛向，则辛不为煞而为官星矣，此迎官就禄之一法也。山有山之煞，水有水之煞，其消纳工夫，全在生克制化上探讨耳。

【白话点拨】

本段讲化解煞气的方法。一是用旺气克制煞气，二是改换方位摆脱煞气，三是让煞气为我所用，四是变煞气为官星。认为完美无缺的地难相当的稀少，山有山之煞，水有水之煞，全在于看地的人运用各种风水理论，在定穴位时去化解克制，为我所用。

【原文】

客水客砂，尚可招邀取气；真夫真妇，犹嫌半路相逢。

此二段言外合可借，内合不可假，乃以砂水而乘气之一法也。昔刘公为潘氏作祖地，一片方砂不开头面，而东西阔二三百步，并无界水插兜，却于东南角上有水从巽巳曲折而来，到右从丙上合流，与横水交流到左出丑艮而去，刘公即从东南角上点穴作巽向。人皆疑其渺茫无收拾，气散不聚，葬下不数年而科第显。何也？此乃巽水邀亥兑之气入穴，且艮出水作巽向接堂气耳。此以外合之客气而取内之真气为一法。又如砂头自东趋西北，本是坤申来龙，然东南巽丙上水来，左右两砂交牙，巽丙之朝屈曲，到堂有情，虽本身蛮旷无界，然朝上砂水有情，兑气自聚，盖客砂能邀龙气入局也。经云：蛮气一片难收拾，却把朝山识幸心。此见寻龙乘气自有巧处，内气难认，当以外气而认之，此为一法。又如丙乙相见为夫妇，若丙逢丁癸辛水来，乙逢甲庚壬水来，则配非其偶，纵朝向得情，终难发福。又有乙配丙于中途，如丙火生于寅水，不自寅来，却是巳午方来朝出戌，此虽正配，终非自少至老之夫妻，亦为路通，当主衰年科第，其发福终迟缓也。此以真气而非真正交媾，气为轻浅，乃夺神功改天命者，又当自有补弱扶衰之法也。此在乘气者不可不察。

【白话点拨】

所谓客水客砂，即是垣局之外的水和山。如果位向相合，可以带来生气。而垣局之内的就不能是借用，一定要正配，如同夫妻元配一样，否则即使有富贵，也要等到年老时才到来，那就太迟了。

【原文】

阴用阳朝，阳用阴应，合之固眷属一家；山运收山，水运收水，分之亦互为生旺。

此二段以朝迎收纳而为乘气之妙诀也。如亥龙从西兑而来为阳，亥则为甲木，以甲木为阳，生亥旺卯，而墓未当用阴，而墓未者配之，唯癸水为阴，生卯旺亥墓未，乃为正配，所谓金羊收癸甲之灵也。阳木用阴水来配，则为阳用阴应。若申子辰水局从右转，则为阴癸之水，宜用甲来配，乃为阴用阳朝。盖阳用阴应，阳静而守，阴运而用也；阴用阳朝，阴静而守，阳运而动也。阴阳互藏其宅，动静互为其根。气从左行，从生趋旺，气从右旋，从旺趋生也。生旺互交，玄窍相通，而化育成矣。此为堪舆家乘气之第一关窍也。又如亥龙从坎入亥者为阴，亥则为乙木，以乙木为阴，生午旺寅，墓戌当用阳，而墓戌者配之，乃为正配，所谓乙丙交而趋戌是也。阴阳交媾，气始凝聚，然后以向合之当迎，寅午之生旺，而为朝迎。穴依龙以乘内气，向依水以乘外气。山龙以山运收山，水龙以水运收水。如乙木生于午，故午上高峰，则旺人丁；旺于寅。故寅上有高峰，则发财禄，所谓山管山也。丙火生于寅，故寅上水来，主旺人丁；旺于午，故午上水来，主发财禄，所谓水管水也。乙木以丙火为配，故其朝向收纳，并从火局，宜用寅午为得全旺，则水与太之气并与向合而为其收纳矣。若阴遇阴则为纯阴不长。阳遇阳则为纯阳不生，纵砂明水秀，终非大地。唯顾外堂水法，随水立向。消其去水以避凶杀而已，安能造大福哉！如白龙记坎亥入乾阴龙右旋之法，寅甲水来，长生会帝。旺水也，辛戌水去，玄窍合也。用丙向，以帝旺收寅戌也，故葬下五子皆显。后取辛戌逆冲丁离，则冲破官禄矣，故五子皆败。若冲破长生，则人丁绝，此不知妄作者之所以取祸也。

【白话点拨】

山势水流一定要阴阳相配合呼应，真气才能从生到旺，而聚凝。气脉在山的要看山，气脉在水的要看水。比如山势在乙方属木，乙木是从午气生，到寅兴旺，因此午位上有高峰就人丁兴旺，寅位上有高峰就有财，此谓山管山；又如山势在丙属火，丙火从寅生出，到午兴旺，因此寅位上有水来人丁兴旺，午位上有水来就有财，此谓水管水。

【原文】

主有主气，内宜秘于五行；堂有堂气，外宜观乎四势。龙为地气，当从骨脉实处窍其内而注之；水为天气，当从向方虚处窍其外而引之。

此乃控制山川，裁成造化，以补泄有余不足之气，乃改天命夺神功之秘要也。凡葬法得金井一与门户为一向，乃正法也。有如外就堂气，则先到之砂水不可不收，聚会之堂气不可不纳，此众口以为必然者，却与龙法之生向不合，则当以天星势气为主，作内外二向。假如亥龙宜作巽向，外面砂水又宜作巳向，则内用要向以乘生气，外用巳向以接堂气，亦何嫌于作两向也。此正所谓“四势任君谈，五行当自守”者。先哲有云：龙之气未到，向之气先到。则布置之法，正为改夺之神功也，岂易言哉！要在察山川之性情，审气脉之强弱，或宜补，或宜泄，或以扶山，或以助命，或以发乎当代，或以应乎后人，各各有法，不可不精详焉。盖窍办所以导内气，凡所以贯串后龙，而使之仲，驳为纯、扶衰为旺者，皆在此也。昔人所谓布置从龙是已。窍外之法，若人鼻息然，昔人所谓息道通气不通水者是也。如人之一呼一吸，得其清气则吉，得其浊气则凶，所系不小，是故窍外之法其法最玄，亦以扶山助命为主耳。乃其生克制化。用以化煞为权，转凶为吉。固自各各有法，大抵在向方砂水上精详之。看砂水之吉凶纯驳与龙身之骨脉配合何知，合则顺其自然而以正合，不合则用剪裁制化之法而以变合。盖导外气，实以扶内气也。有如外气乖戾，内气必损伤。可不值哉！

【白话点拨】

阐述如何用人工补自然之不足，以使下葬更有利。如山势从自亥而来，葬地应作巽向，但可能根据外面山水的情况又以巳向为好，那么可以在里面作巽向乘生气，外面用巳向作堂气，不必因为作两向而不安。至于窍内导内气，窍外引外气，也主要依据山水与气脉的配合，合就顺其自然。不合就想办法变通，以期做到相互配合。

【原文】

在天成象，在地成形，同一气，故天象以太阳为尊，而地法以廉贞为主，同以火星为万象之宗；象垂吉凶，形分祸福，同一域，故星光以岁星为德，而地法以食狼为贵，同以木星为万象之华。

此以举木火二端。以见天象地形之配合不可岐而二也。诸如三垣九野，同于舆图之画井分疆；迟留顺逆，同于龙脉之向背行止；吉凶灾详，同于国家之安危祸福，恶乎有毫发之爽！唯举其紧要者而言，则五行唯土为能全物。唯火为能生土，是火为宇宙之大祖宗也。何者为真火？唯一点真阳为真火。太阳是已。于天为日，于卦为离，于方为午，于星分廉贞。于五兽为黄龙。且五行余各有属、唯火无所不寓，激石激金则火出，是土金有火也；木能生火，是木有火也；泉有温泉，海岛之中，时见火光，是水中亦有火也。即如人之结胎，非得一点阳精真火，则不能结而为形，此看地法必以火星为祖，方能化生。方能远大，亦其理固然耳。诸凡都城郡邑，必向南离，正以午为太阳所居之位，次则太阴与日同运。又次则金水附日月而行，皆以近日为贵。故凡结穴太阴太阳，又多金水者。凡以此也。古太史多称岁星所在，其国不可伐，岂非以木星为最吉乎！九星中以贫狼为首吉者，亦以贵狼属木耳。且宇内何者最秀最华？岂非木邪？夫木发于春而盛于夏，谓之华夏，焕乎一文明之象。以此木星无论冲天紫气，曲直纵横，皆是秀体，亦无论花芽节苞，皆是全机。盖地形与天星同，以木之精华秀丽为吉象耳。由此以推，则今人之以天星为渺茫，而有绝口置之不道者，良可怪也。

【白话点拨】

五行中的火、木，非常尊贵。火生土，土成万物，因此火为宇宙之祖。火为太阳，为离，为午位，为廉贞，为黄龙，所以地法以火星为祖。木能生火，在九星中为贪狼星，又是宇宙间最秀美的东西，古时候岁星（木星）如果在哪个国家上空，别人就不敢侵犯这个国家，因此木也与火同样尊贵。它们在天在地人在动植物都与一定的对象相生相应。这就是在天而成象，在地而成形。

【原文】

先天一阴一阳，对配为主，故四龙天星，唯取相配，阴与阳会，阳与阴合；后天分阴分阳，致用为主，故八方坐向，可借为配，坐阳收阴，坐阴收阳。

此言先天后天势气，有以为体而不可易者，有以为用而可移易者，此论龙论局之辨也。先天之体，乾坤以老阴老阳相配，坎离为中男中女相配，震巽为长男长女相配，艮兑为少男少女相配，则八龙皆有阴阳相配合，而何独取于四龙也？以乾坤纯阴纯阳，为阴阳之老，坎离上下皆阴皆阳，亦为阴阳之极，殊乏生机耳。唯震兑上阴而下阳，艮巽上阳而下阴，乃为阴阳之交，宇宙生机，并从此出。经云四龙天星，正以此也。诸凡孤虚旺相之说，皆原于此，非所谓久天统龙法者乎！后天自乾至震为阳，自巽至兑为阴，所谓分阴分阳是已。其意亦以乾坤为老，退居西北之地，而置六子于东南施生之方，所以用也。且以《洛书》而布，后天阴阳，当可随方而就，或以卦气，或以天干，不嫌交配。如艮龙而作兑向，是为正配，虽作丁向，亦是从兑所纳，即作丙向，不从卦气而认天星，亦是配合。且坐癸向丁，坐壬向丙，亦不失为坐阳配阴之法。所谓阴阳相见是也。先天之体无变，后天之用有变，即地法中无怪龙而有怪穴之意。昔人所谓地理尚其变，意正如此。此用卦大肯綮处，不可不理会者也。诸如翻卦多门，五行颠倒剧。岂无谬戾，何必拘拘为哉！

【白话点拨】

所谓先天后天，指天地山水自有的属。纯阴或纯阳都也不好，需要有配合方佳。比如八卦、乾、坤两卦合部是阳爻或者阴爻，坎、离两卦上下两爻也全是阳爻或者阳爻，只有震、兑、艮、巽是阴爻和阳爻相合相配，这就是四龙天星可用的缘故。至于后天人为分出的阴阳，没有很死板的。应当根据不同的方位作出不同的配合。

【原文】

先天后天，先为体而后为用，贵通其变；阴阳二气，阳非贱而阴非贵，在适其宜。

今堪舆家一论地法，则以阴龙为胜，不知古人视原关相阴阳，各随所宜，岂有贵阴而贱阳之义？盖《洛书》之义，一九三七居于四正，适合先天乾坤坎离之位，二四六八居于四隅，适合先天艮兑震巽之位，奇数属阳，偶数属阴，配以乾坤坎离，亦从乎阳，配以震兑艮巽，亦从乎阴，此今术家以奇偶论阴阳，而非先天本来之阴阳也。古人建都立国，南面而治，位于四正，正以乾南坤北，正天地之位，离东坎西，应日月之门，于天道为正，于地势为宜，非故去阴而取阳，抑亦先天之身体宜尔也。至如安坟厝骨，古人多取艮兑震巽四卦，亦以先天势体，风雷相为动荡，山泽互为流通，用以荫枯骨则易以生发焉耳，岂以位居二四六八之阴而即为贵哉！若论地位，则所谓神仙之地发自天门，帝王之地起自金龙者，非乾与震乎？且后天震兑为先天之坎离，后天乾坤即先天之巽艮，亦安得以后天之位而易先天之气也！大要地法当以龙势为主，其大小贵贱只在龙势上定之。乃如卦气逢阳则阳，逢阴则阴，或宜阳而从阳，或宜阴而从阴，若拂四势之宜而强以从卦，此胶柱鼓瑟、刻舟求剑之迂术也，岂能合山川情性，而通地之灵、饶地之福哉！

【白话点拨】

着重强调了两点：一是要根据不同的情况采取不同的方法，

即通变。二是气的贵贱不在阴阳，而在于因地适宜。风水还是应当以山势为主，气宜阳就从阳，宜阴就从阴。

【原文】

地以八方正位，定坤道之舆图，故以正子午为地盘，居内以应地之实；天以十二分野，正躔度之次舍，故以壬子丙午为天盘，居外以应天之虚。

今人论针，乃有正针逢针之分，且有彼是此非，又有专用此而不用彼者，盖不知二针各有取义，相为用而不相为悖耳。地盘何取于正子午也？原地盘分属，以八卦为分属。一从《河》《洛》中来，《河图》之象，列以八方，《洛书》之数，亦有四正四隅，舍此之外，则无理气。经之所谓气从八方，混元子所谓八定位，《灵辖经》所谓内立八极以统八方之气是也。夫既以八方分位，则壬子癸共一坎也，丙午丁共一离也，一卦三山，其以正子午为地之中，夫何疑乎！古人用以测地，正为气从八方，故以正子午之针打龙，所谓龙从地下求者，指地盘言也。夫地气何以分贵贱？乃从天星也。天之躔度以十二次舍为分，壬子共一子也，何以辨之？凡次舍十二，每次分得三十度，合考之，玄枵次舍自女八度起至危十五度方成三十度，夫女四星十一度半属癸，今玄梧起于女八度，是仅侵癸之三度而已；虚二星九度半属坎，危三星十八度属壬，今玄枵止于危十五度，亦仅成剩壬之三度而已，则玄枵子分，岂非壬子之间乎？故以壬子之间为天盘之子，又复何疑。即子而推丙午，亦共一午，则壬子丙午之间，正为天之中矣。古人向从天中立，正以应天之虚，从天盘也。盖地气静，故寻龙捉脉当从地盘之静定为主；天气动，故收水立向当以天盘之旋动为主。且贵贱在天星，若不从天盘而定，则天星无据，将何以发用乎？是故收生旺之气于坐下，而又迎吉曜之气于向方，则天与地通，而动与静合，斯可以召福而迎祥也。然则正针、逢针，岂有偏重偏用之理，但龙是一定之龙，向无一定之向，纵龙脉有挨加，亦是因方而有挨加。昔人云：立穴易，立向难。正以动体之难捉摸耳。夫所谓神而明之，存乎其人者，其在天盘乎！

【白话点拨】

此本书最后一段，讲天地如何定方位。地分八方，以十二地支定位，而子、午为正中，天则按赤通经度等分为十二份，叫做十二分野，而壬子、丙午之间为正中。地静天动，因此要天与地通，动与静合，方为大吉。

铅弹子地学正义

富春　张凤藻（九仪）　著
海昌　陈夷则（子奇）　订

原葬法之始

《易》说：古之葬者，厚衣之以薪，葬之中野，不封不树，丧期无，后世圣人易之以棺椁。

大过之卦

张九仪说：葬，阴事也。故大过之兑巽皆阴卦，而二卦重之中四爻皆阳，上下二爻皆阴，故葬者上下系土，人藏其中，以阴抱阳之义也。然葬以得水为上，故取泽以塞坎之下流，而气乘风则散，惟水可以涣之，故泽上风下，所谓水来则风去也。君之观大过之卦，而得水为上，故风次之，其义深切着明矣。次之者，言得水第一，而藏风即下之，乃志至气次之意也，然藏风非砂不能，故顿公言卦象，独朝更为冠云。

【白话点拨】

古代葬人用厚厚的薪木柴草覆盖在尸体上。葬于荒野之间。既不堆土为坟，也不种树为记。后代的圣人创制棺椁从而改变了过去的丧葬习俗，到后来才弄些棺椁，这大概是从大过卦中得到了启示。

张九仪说：葬埋死人是阴事。所以大过卦的兑巽都是阴卦，又有二卦重之的中间的四爻都属阳，上边和下边的两爻都属阴。所以被埋葬的人上面和下面都是土，人藏在泥土中间，是阴怀抱阳的意思啊。然而，埋葬又以得到水为好，所以要有水泽来堵塞在坎卦向下流动，因为如果有风，气就会飘散开去，只有水可以将风驱散。所以水泽在上，风在下，这就是水滴来而风就离去的说法啊。君子观看大过的卦象，以得到水为上好，避风就稍差一些。其中的意思非常深奥而又明显。

原河图之义

《易》说：河出图，洛出书，圣人则之。又说：天一，地二；天三，地四；天五，地六；天七，地八；天九，地十。天数五，地数五，五位相得而各有合。天数二十有五，地数三十，凡天地之数五十有五。此所以成变化而行鬼神也。

张九仪说：天道上升，故一阳生于北，即地雷复也；地道下临，故二阴生于南即天风也。是河图即太极也，东北阳位，则阳为主，阴为宾，故一三居内，六八居外，而干率三男以居东北，可知已。西南阴位，则阴为主，阳为宾，故二四居内，七九居外，而坤率三女以居西南，可知已。然阳生则阴成，阴生则阳成，五生数居内，五成数居外，依数排列亦自有不得不然之势，而得五为六，二得五为七，三得五为八，四得五为九，是土居中而为水火木金之母，五得五而为十，戊土又为己土之母，则土为五行所必需，而地理家二十四龙向，谓之土可矣。但时人知解河图而不知用河图者，以未识十天干从河图出也。

河图方位

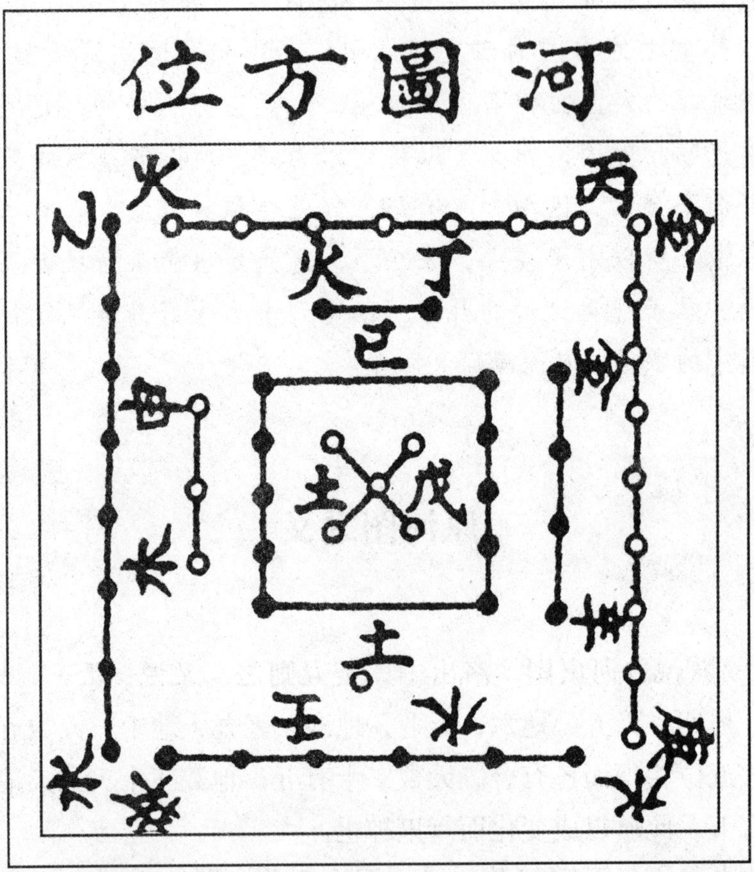

愚闻之师说：地理家得图之生数者发子孙，得图之成数者兴富贵。如坐癸向丁，丁乃地二，生数也；若丙峰高耸则成数得已。大抵丙生人贵，若砂不起而水朝发富尤速，此用图之成数也，生数则坐壬向丙，丁峰起，丁水朝人丁旺且多寿考，其法俱从立向消纳之，举一丙丁火局，而甲乙木局、壬癸水局、庚辛金局皆可推已。若夫神而明之，又有进也者，赖仙说：金宫本是东林子，送与西邻寄体生。由此推之，癸水也，壬火也，甲丁金也，乙丙土也庚辛木也，故干兑之归元在甲丁，坤艮之归元在乙丙，震巽之归元在庚辛，坎之归元在癸，离之归元在壬。《玉尺经》言癸乘坎气而有用，又言巽见辛，辛见巽，两承妙用已。凡此皆单见，则其气属于纳甲，如见甲不见乙，见乙不见甲之类。若双会则合图中生成之数面成局，如甲乙二水齐来。或甲向乙水来、乙向甲水来俱是。此间善用之，则有化煞生权者；不善用之则有变官为鬼者。即庚辛局，其诀：庚水朝，庚峰起，即立庚向。在震为归元，在巽为相薄，在兑为合十，在艮为震三。

辛水朝，辛峰起，即立辛向。在巽为归元，在震为相薄，在干为合十，在离为地四，俱不作金局：若庚辛二水齐来，或庚峰、庚向或辛峰、辛向、庚水朝，则生成会局矣。

龙从坎宫来，则子孙带父母；龙从离宫来，则父母带财；龙从乾兑来，则兄弟带财上也；龙从坤艮来，则官鬼来，子孙次之；龙从震巽来，则兄弟带七煞。智士于此阅得，本主耸拔：砂拱水朝则文武全才，产人英毅，所谓化煞生权也，此地极大。

若本主耸拔，砂稍厦水以去而会局。

一二如李陵祖墓，震龙入首，辛峰起辛向而庚水去，则武将见戮。若本主平平，砂美水入朝先发富及贵，随即绝人，所谓变官为鬼也。如丙丁局，龙从干兑，兑见丁为归元，见丙为通气。来则父母，丙土也；兄弟，丁金也。带官鬼，龙从坎宫来则父母，丁金也；官鬼，丙土也。带财，龙从艮，见丙为归元，见丁为通气，坤觅丙为合十。来勇：兄弟，丙土也；子孙，丁金也。带父母，龙从震，见丁为合十，见丙为地八。巽见丙为阴阳相配，见丁为官鬼，宜向丁，用丙不可向，丙用丁煞。来则财，丙土也；官鬼，丁金也。带子孙，龙从离宫来，则子，丙土；财，丁金。带兄弟，此局艮兑为上，坎震坤乾巽次之，离又次之。如甲乙局，龙从乾，见甲为归元，见乙为定位。兑来则父母，乙土也；兄弟，甲金也。带财，龙从离宫来，则子，乙土也财，甲金也。带父母，龙从艮，见乙为合十，见甲为先天。坤，见乙为归元，见甲为定位来则兄弟乙土也：子孙，甲金也。带官鬼，龙从坎宫来。则父母，甲金也；官鬼，乙土，又为坎之聂天。带子孙，龙从震巽，见甲为合十见乙为先天。来则财，乙土也；官，甲金也。带兄弟，即谓兄弟带财官亦可。此局乾坤为上，离巽艮次之，兑坎震次之。如壬丙局，龙从离，见壬为归元。见癸为相济，宫来则成官贵，此局大，所谓：离龙坎水近君门。是也。龙从震巽来则子孙，壬火也。带父母，龙从艮坤，觅癸为先天，见壬为生气。来则父母带财，龙从干，见壬为先天，又为没，癸为生气。兑见癸为后天，来则官鬼。带子孙，龙从坎宫来，觅癸为归元，见壬为相济。则兄弟，壬癸局，带财财此局坎离乾坤为上，震巽次之兑艮次之，此于四局既成之，后又从各龙分别之。

其究也，峦头精美，坦局雄键，俱获大吉。惟峦头不及，故有此辨尔，知睇子诚通于河图之理，而后神明之；其庶几哉！

【白话点拨】

伏羲对日月星辰，季节气候，草木兴衰等等，有一番深入的观察。不过，这些观察并未为他理出所以然来。一天，黄河中忽然帮出了“龙马”，也就是这一刻，他突然发现自己正处于一种强烈的精神震撼之中，深切地感到了自身与所膜拜的自然之间，出现了一种莫名其妙的和谐一致。他发现龙马身上的图案，与自己一直观察万物自然的“意象”心得暗合，就这样，伏羲通过龙马身上的图案，与自己的观察，画出了“八卦”，而龙马身上的图案就叫做“河图”。河图用十个黑白园点表示阴阳、五行、四象，其图为四方形。如下：

北方：一个白点在内，六个黑点在外，表示玄武星象，五行为水。

东方：三个白点在内，八个黑点在外，表示青龙星象，五行为木。

南方：二个黑点在内，七个白点在外，表示朱雀星象，五行为火。

西方：四个黑点在内，九个白点在外，表示白虎星象，五行为金。

中央：五个白点在内，十个黑点在外，表示时空奇点，五行为土。

河图四大局

木局水法

坐向甲，见乙水；坐向乙，见甲水。
上二法又合天地定位格。

火局水法

坐向丁，见丙水；坐向丙，见丁水。
上二法又合山泽通气格。

金局水法

坐向辛，见庚水；坐向庚，见辛水。

上二法又合雷风相薄格。

水局水法

坐向壬，见癸水；坐向癸，见壬水。

上二法又合水火不相射格。

陈子奇说：河图四局，既合天生地成，地生天成大数，而又与先天对待夫妇相合。凡地遇此，纯粹悠久，吉不胜言者也。

【白话点拨】

风水上用河图来讲，木局水法：坐向甲，见乙水；坐向乙，见甲水（上面两种叫法又合乎天地定位格）。

火局水法：坐向丁，见丙水；坐向丙，见丁水（上面两种水法又合乎山泽通气格）。

金局水法：坐向辛，向庚水；坐向庚，向辛水（上面两种水法又合乎雷风相薄格）。

水局水法：坐向壬，见癸水；坐向癸，见壬水（上面两种水法又合乎水火不相射格）。

陈子奇说：河图四种大局，既合乎天生地成，地生天成的大数，又和先天对待，夫妇相合。凡是地遇到这种局势，纯粹悠久，吉祥的没法说。

原洛书之义

书说："天乃锡禹，洪范九畴，彝伦攸叙"。孔氏说："天与禹，神龟负文，出列于背，有数至九，禹遂因而第之以成九类，世传戴九履一，左三右七，二四为肩，六八为足。即洛书之数。"

洛书之图

张九仪说：阳居四正，先天乾坤坎离居之；阴居四隅，先天巽

震艮兑居之，此洛书之定数，而地理家净阴净阳之说，实本乎是。但河图九在西兹易之南；河图七在南，兹易之西。金水互位，何也？图主顺生，自北而东。水生木，木生火，火生土，土生金，复生水。书主逆克，自北而西，水克火，克金，金克木，木克土，土复克水，此七易西，九易南之故也。而以合十之理考之，又皆自然之数，盖一在北则九应在南，三在东而七应在西，当太极生两仪时，干尽午中，坤尽子中，离尽卯中，坎尽酉中，此数已定。

是故，天一生坎水，地六干成之。干向坤坎水朝，坎峰起（癸申辰同）为一，来会六。坎向（癸申辰同）干水朝，干峰起（甲同）为六，来会一。是即河图天一生壬水，地六癸成之之义也。

天三生震木，地八坎成之，震向（庚亥未同）艮水朝，艮峰起（丙同）为八，来会三。艮向（丙同）震水朝，震峰起（庚亥未同）为三，来会八。是即河图天三生甲木，地八乙成之之义也。

维此二局，水会水垣；木会木垣，又皆净阴净阳，不至驳杂。

地二生坤火，天七兑成之，坤向则吉，火生土也；兑向则凶，金畏火也。与地二生丁火，天七丙成之，干位在南，干气净阴者，异矣！

地四生巽金，天九离成之，离向则吉：火克金为财也；巽向则凶，金克木为煞也。与地四生辛金，天九庚成之，干位在西，干气净阴者，异矣！

维此二居龙身旺、堂局周密、穴千真万确、朝山真，又善于砂消纳水，发福亦大且久，以得生成之大数也。总而言之，未会局之先乾自金也，艮直土也，巽自木，离自火也，坤自土，兑自金也，既会局之后坎固水而干亦水矣；震固木，而艮亦木矣。坤土为火，而兑金亦为火，离火为金，而巽木亦为金矣，何也？八卦易位，皆后起之事，而一生一成，乃先天始生之气也。三语在吾儒为至理之言，在术家为千金之诀。

《玉尺经》说：生来会旺，聪明之子方生；旺去朝生，富贵之期骤至。又说：贪富贵，则弃生朝旺；图嗣续，则背旺迎生。此理先圣详论之，特未明指之尔？但有阴阳驳杂者，须以向消纳之，不然，多德室续娶之应。

如艮龙或艮向，坤乙水朝或行龙，兼坤乙须立阳向；若立阴向则杂矣。方老师曾看族叔凤凰山祖地，坤山艮向震方一池，是艮向震水朝，为三来会八，固生来会旺，聪明之子方生也。若震池兼乙三分，坤纳乙，为艮向，后天之夫妇，乃指之说：难嗣续者，即育，但应在后天夫妇，其验如神。观此而生成之数，合十之理，俱可知也。

【白话点拨】

河图与洛书是中国古代流传下来的两幅神秘图案，历来被认为是河洛文化的滥觞，中华文明的源头，被誉为“宇宙魔方”。相传，上古伏羲氏时，洛阳东北孟津县境内的黄河中浮出龙马，背负“河图”，献给伏羲。伏羲依此而演成八卦，后为《周易》来源。又相传，大禹时，洛阳境内洛河中浮出神龟，背驮“洛书”，献给大禹。大禹依此治水成功，遂划天下为九州岛。又依此定九章大法，治理社会，流传下来收入《尚书》中，名《洪范》。《易·系辞上》说：“河出图，洛出书，圣人则之”，就是指这两件事。河图上，排列成数阵的黑点和白点，蕴藏着无穷的奥秘；洛书上，纵、横、斜三条线上的三个数字，其和皆等于15，十分奇妙。对此，中外学者作了长期的探索研究，认为这是中国先民心灵思维的结晶，是中国古代文明的第一个里程碑。

洛书四大局

水局水法

坐向坎（癸申辰同），见干水（甲同）。

坐向乾（甲同），见坎水（癸申辰同）。

火局水法坐向坤（乙同），见兑水（丁巳丑同）。

坐向兑（乙巳丑同）；见坤水（乙同）。

金局水法，坐向巽（辛同），见离水（壬寅戌同）。

坐向离（壬寅戌同），见巽水（辛同）。

木局水法

坐向震（辛亥未同），见艮水（丙同）。

坐向艮（丙回），见震水（辛亥未同）。

陈子奇说：河图以顺生，水木火金，各局本位。

洛书以逆克，火居金位，金入火乡，故洛书水木二局与河图同其纯粹，金与火二局，不无驳杂，然通冈峦秀拔，砂拱水朝，发福更觉宏大也。若遇本结构亦有三纪，中结构亦有六纪云。

【白话点拨】

洛书四大局分为：水局水法：坐向坎（癸甲辰同），见干水（甲同）坐向干甲同，见坎水（癸甲辰同）。

火局水法：坐向坤（乙同），见兑水（丁乙丑同）；坐向兑（丁乙丑同），见坤水（乙同）。

金局水法：坐向巽辛同）二见离水（壬寅戊同）；坐向离（壬寅戊同），见巽水（辛同）。

木局水孝：坐向震（辛亥未同），见艮水（同丙）；坐向艮（丙同），见震水辛亥未同）。

陈子奇说：河图以顺生，水木火金，各处于木位；洛书以逆克，火处在金位，金进入火中。如果遇到山冈、山峦秀而挺拔，砂拱立、水朝迎的，就更会觉得发福永无止境；少数三十年，多说六十年。

原先天卦位之义

《易》说：天地定位，山泽通气，雷风相薄，水火不相射。八卦相错，数往者顺，知来者逆，是故《易》逆数也。

张九仪说："天职下覆，轻清之气上浮；地取上载，重浊之气下凝。"乾南坤北，所以说：定位。西北多山，昆仑为山之祖，南、东多水，大海为水之归。然水俱从山出，而山见水即止，所以说：通气。雷从地起，故一阳生于坤之初。风从天下，故一阴生于乾之始。风以助雷威，雷以鼓风力，所以说：相薄。日为火精，出于东方；月为水母，生于西方，相代为明，所以说：不相射。然自乾一至坤八，生出之序皆逆，君子观于先天，而地理之体立矣，地理之贵乎逆，更可知矣！然八卦以先天为体，后天之位虽易，而性仍率乎先天，故乾阳也，先天位戴九之数固为阳；坤阴也，先天位履一之数则阴亦为阳；坎阳也，先天位右七之数，固为阳；离阴也，先天位左三之数则阴亦为阳，巽阴也，先天之位在二黑；震阳也，先天之位在八白，阴固阴而阳亦阴矣；兑阴也，先天之位在四绿；艮阳也，先天之位在六白，阴固阴而阳亦阴矣。所以说后天之用不越先天之体也。知地君子，诚以后天之方位，用先天之理气，思过半矣。

伏羲八卦方位

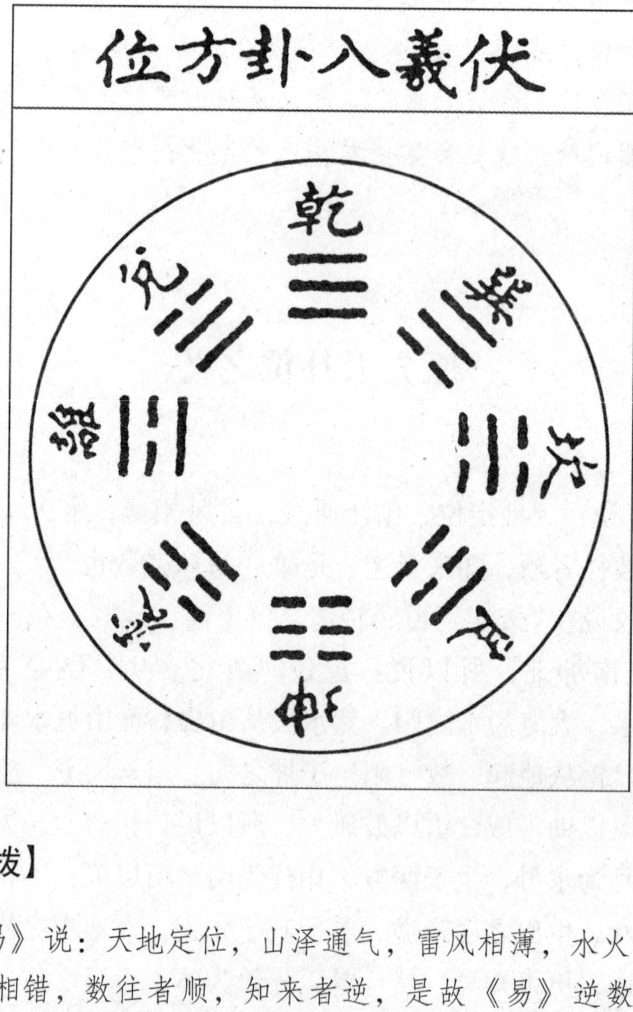

【白话点拨】

《周易》说：天地定位，山泽通气，雷风相薄，水火不相射。

八卦相错，数往者顺，知来者逆，是故《易》逆数也。在八卦中

乾代表天。坤代表地。艮代表山，兑代表泽，震代表雷，巽代表风，坎代表水，离代表火也。八卦按其所代表的东西的性质两两相对，分成四时，每对都是二个性质相反的东西，相对立的站在各一端，即阴阳相对，这四对东西交错起来，就构成了先天八

卦方位图。我们从图中分析出阴阳相对的关系。

天地定位：乾南坤北，天居上，地居下，南北对峙，上下相对。从两卦爻象来看，干是三阳爻组成，为纯阳之卦；坤是三阴爻组成，为纯阴之卦，两卦完全相反。

山泽通气：艮为山居西北，兑为泽居东南，泽气于山，为山为雨；山气通于泽，降雨为水为泉。从两卦爻象来看，艮是一阳爻在上，二阴爻在下；兑是一阴爻在上，二阳爻在下，两卦成对待之体。

雷风相薄：震为雷居东北，巽为风居西南，相薄者，其势相迫，雷迅风益烈，风激而雷益迅。从两卦爻象来看，震是二阴爻在上，一阳爻在下；巽是二阳爻在上，一阴爻在下，八卦成反对之象。

水火不相射：离为日居东，坎为月居西，不相射者，离为火，坎为水，得火以济其寒，火昨得水以其热，不相熄灭。从八卦爻象来看，离是上下为阳爻，中间为阴爻；坎是上下为阴爻，中间为阳爻，两卦亦成对待之体。

从八卦卦爻明显看出，乾坤两卦为纯阳纯阴卦外，震、坎、艮卦都是由一阳爻两阴爻组成，而且爻画均为五，为奇数，为阳数，故此三卦为阳卦。巽、离、兑三卦都是出一阴爻两阳爻组成，而且爻画均为四，为偶数，为阴数，故此三卦为阴卦。

学习风水的，如果运用后天的方位，贯彻先天的理气，就学到了一半。

伏羲八卦次序

《易》说：雷以动之，风以散之，雨以润之，日以垣之，艮以止之；兑以说之，干以君子，坤以藏之。

伏羲八卦次序

张九仪说：此即太极生两仪，两仪生四象，四象生八卦也。君子观于一动一散而知雷风相薄之局矣，观于一润一暄而知水火相济之美矣，蔑于一止一说而知山泽通气之佳矣，观于君之藏之而知天地定位之更大矣。

然所以知之之故在动散，君藏序内，一阴一阳由中摩荡以极于外，故圆图，乾坤当中，首言定位，此之方图。震巽居内，先说雷风，所谓天地絪缊，万物化醇；男女构精，万物化生也。而传言动先于散，润先于暄，止先于说，动先于藏者，阳必先阴：夫倡妇随之旨。由此图观之，干为纯阳，统八卦之首而为君；坤为纯阴，摄八卦之成而为藏。圆图干居上，坤居下，六字横列，其中义相贯合，概可见矣，故地理家得相薄、通气、定位、不相射四局之贵也。

【白话点拨】

张九仪说：这就是太极生两仪，两仪生四象，四象生八卦之理。君子看到一动一散，就知道雷风相薄之局；就知道山泽通气的好处；看到君之藏之，就知道天和地定位的博大了。然而，之所以能够知道它，是因为它们存在于动、散、君、藏的秩序之内，一阴和一阳从其中摩荡产生，达到外面，所以上面的圆图乾坤中首先就是说到定位，这是一个标准。巽震居在图内，先说雷风，这就是所谓的天和地交接，从而化醇生出万事万物男女交合：从而万物也化生出来。

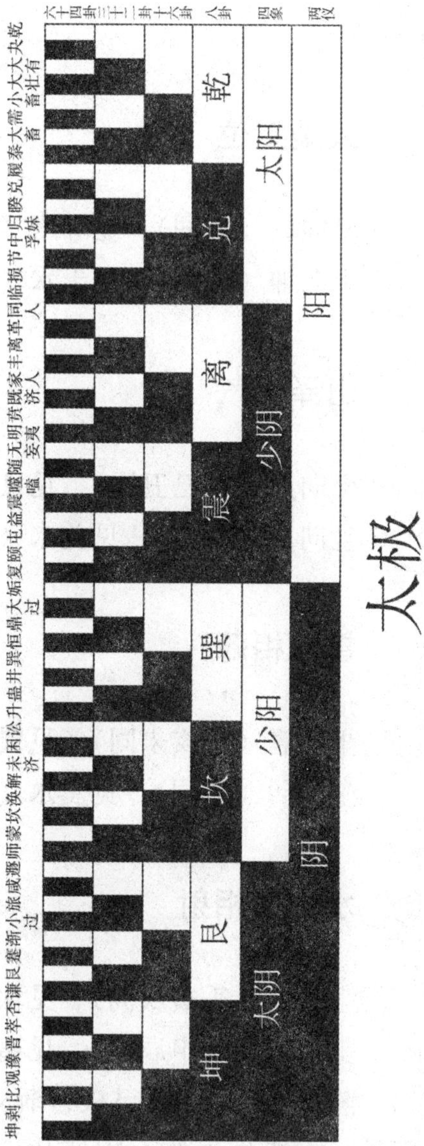

从这个图来看，干属于纯阳，统率八卦做为首领；坤属于纯阴，统管八卦的成数而成为藏兴。圆图中干居于上，坤居在下，其它六子横排在其中，互相贯通，它们的大概也就可以知道了。所以风水地理家如果明白了相薄、通气、定位和不相射这四大局，那就是无比珍贵了。

先天对待四大局

天地定位

坐向乾（甲同），见坤水（乙同）。
坐向坤（乙同），见干水（甲同）。

山泽通气

坐向兑（丁巳丑同），见艮水（丙同）。
坐向艮（丙同），见兑水（丁巳丑同）。

雷风相薄

坐向震（庚亥未同），见巽水（辛同）。
坐向巽（辛同），见震水（庚未亥同）。

水火不相射

坐向离（壬寅戌同），见坎水（癸申辰同）。
坐向坎（癸申辰同），见离水（壬寅戌同）:。

陈子奇说：洪荒已极，渐从极中，荡摩出来，得此四局方能感天地，方能生万物，固造化三原，气之本也，故地得此格为上局云。

【白话点拨】

风水上讲的先天对待四大局如下：

天地定位，坐向乾（甲同），见坤水（乙同）；坐向坤（乙同），见乾水（甲同）。

山泽通气，坐向兑（丁巳丑同），见艮水（丙同）；坐向艮（丙同），见兑水（丁巳丑同）。

雷风相薄，坐向震（庚亥未同），见巽水（辛同）；坐向巽（辛同），见震水（见巳同）。

水火不相射，坐向离（壬亥戊同），见坎水（全申辰同）；坐向坎（癸申晨同），向离水（壬亥戊同）。

陈子奇说：洪荒时代，渐渐从太极中荡摩出来的这四局，这才能撼动天地，才能生化万物。这本来就是变化的原根，气机的根本啊。大地得到这些格就是得到风水上的大局。

原后天卦位之义

《易》说：帝出乎震，齐乎巽，相见乎离，致役乎坤，说言乎兑，战乎干，坎，成乎艮。

张九仪说：后天易位之序，《易》系详已，而所以相易之，故今试以浅言，东方木位，于时为春，于人为仁，震巽属木，故易而居东。南方火位，于时夏，于人为礼，离卦属火，故易而居南。西方金位，于时为秋，于人为义，乾属金，故易而居西。北方水位，于时为冬，于人为智，坎卦属水，故易而居北。至于坤易居西南者，以火能生土，以生金也。艮易居东北者，万物皆归于土，万物皆生于土，冬尽春来，非土不能止，水非土不能栽，土犹仁义礼智之德，非信不成，故圣人易艮于东北者，即信以成之之旨也。后天易卦之原既辨，则纵横十五之数可推，如正西之兑，东北之艮，两相朝应为山泽通气是先天对待之夫妇。若兑也，而震应之。艮也，而坤应之，则为后天合十之夫妇。一则三碧来合七赤，一则二黑来合八白也。如西北之乾，西南之坤两相朝应为天地定位，是先天对待之夫妇。若乾也，而巽应之。坤也，而艮应之，则为后天合十之夫妇。一则四绿来合六白，一则八自来合二黑也。如正东之震，东南之巽，两相朝应为雷风相薄，是先天对待之夫妇。若震也，而兑应之。巽也，而乾应之，则为后天合十之夫妇。一则七赤来合三碧，一则六自来合四绿也。至于南离北坎，先天对待为水火不相射，后天合十为九紫合一白，惟此二卦，先后同揆，非诸卦可及，所谓纵横十五者如此。言干则甲在中，言震则庚亥未在中，其法俱依纳甲，砂水龙度悉如此推。

文王八卦方位

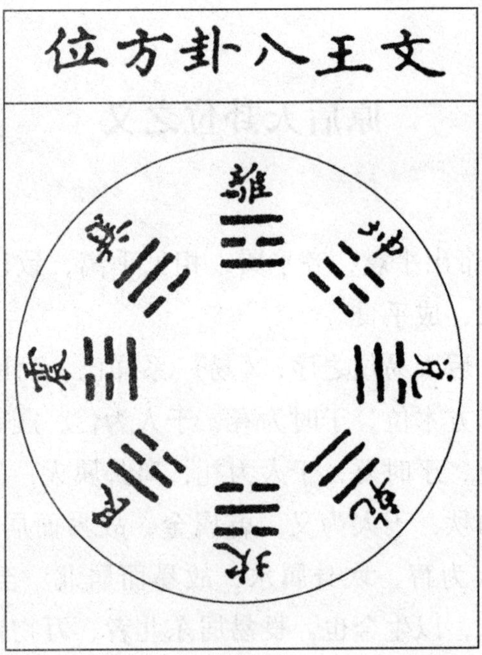

凡地遇之，定主续弦偏房之吉云。

【白话点拨】

《周易》说：帝出乎震，齐乎巽，枢觅乎离，致役乎坤，说言乎兑，战乎乾，劳乎坎，成乎艮。

主宰大自然生机的元气八卦像植物一样，萌生于震，生并长于巽，呈现于离，用事于坤，成熟于兑，交配于乾，止息于坎，完成生长又重新萌星于艮。万物至此完成一轮生长过程而又开始重新萌生。

张九仪说：后天易换的顺序已经详细说过了，但还没有说清楚所以相互换易的原因，现在来简单说一下。东方是本位，季节是春天。在人是仁；而震、巽属本，所以换位到东方；南方是火位，季节是夏天，在人是礼，而离卦属火，所以换易到南方；西方是金位，季节是秋天，在人是义，乾兑属金，所以换易到西方；北方是水位，季节是冬天，在人是智，坎卦属于水，所以换易到北方至于坤换居到西南方的原因，是因为水能生土，土能生金啊。艮换居到东北方原因，是因为万物都复归于土；冬天过去春天到来，不是土就不能止水，不是土也不能栽植木，就像仁、义、礼、智的道德没有信就不成。所以圣人将艮换易到东北方向的原因，就是用信来促成它的意思啊。后天易封的本原道理既然已经辨明，纵横十五的成数就可以推导出来了。就像正西方防位的兑、东北方位的艮，两两相应，是为雷风相薄，就像先天对待夫妇一样比如兑，就有震来相应；艮，就有坤来相应，就是后天合十的夫妇，一则三碧来合七赤，一则二黑来合八白。就像西北方位的乾，西南方位的坤，两两相对应，成为天地定位，是先天对待的夫妇。比如干，巽来相应；坤，就是艮来相应，就是后天合十的夫妇，一则四禄和六白相合，一则八白来和二黑相合。比如正东方位的震，东南方位的巽，两两相朝相应，成为雷风相薄，是先天对待夫妇。比如震，就有兑来相应；巽，就有乾来相应，就成为后天合十的夫妇。一则七赤来和三碧相合，一则六白来和四禄相合。至于南离和北坎，先天对待，就是水火不相射；后天合十，就是九紫和一白相合。这两卦是先后同揆，不是其它各卦所能比得上的。

后天合十四大局

二八合十

坐向坤（乙同），见丙水（艮同）。

坤向丙水，须丙三午七。乙向艮水，须艮三寅七，兼合辅星卦，贪狼也。

坐向艮（丙同），觅乙水（坤同）。

艮向乙水，须乙三卯七。丙向坤水，须坤三未七，兼合洛书天一生数也。

三七合十

坐向兑（丁巳丑同），见庚亥未水（震同）。

坐向震（庚亥未同），见丁巳丑水（兑同）。

三七之局，纯粹无疵。

四六合十

坐向乾（甲同），见辛水（巽同）。

乾向辛水，须带戌，兼合先后天水。甲向巽水，须带辰，兼合雷辅星卦狼水。

坐向巽（辛同），见甲水（乾同）。

巽向甲水，须带卯，辛向乾水。带亥，兼合雷风相薄水。

一九合十

坐向坎（癸申辰同），见壬寅戌水（离同）。

坐向离（壬寅戌同），见癸甲辰水（坎同）。

陈子奇说：凡遇续弦及偏房，急于葸嗣者，用合十法立效。若亦偏有子，欲其均发，莫妙于一九合十之局。盖一与九合在先天，则局在后天此局，壬癸二干仍同河图水局，而以离坎卦又无消无灭，且先天二东一西非隅角：后天二南一北。局居四正，此坎离二卦龙、穴、砂、水大地居多也知此理，多以阳龙忽视之，可惜也已。

【白话点拨】

后天合十，四大局如下：二八合十，坐向坤乙同见丙水艮丙（，坤向两水，必须丙三午七；乙向艮。必须艮三寅七兼合辅星卦贪狼水）坐向艮丙同见乙水坤同（艮向乙水，必须乙三卯七；丙向坤水，必须坤三未七兼合洛书天三生数水）。

三七合十，坐向兑（兑乙丑同）见丁乙丑水兑同（三七这种局，一点也没有漏）。

四六合十，坐向乾甲同见辛水巽同（乾向辛水，必须带戊兼合先天水；甲向巽水，必须带辰兼令几十年兼星卦、贪狼水）；坐向巽辛同、见甲水乾同（巽向甲水必须带卯；辛向乾水。必须带亥兼合雷风相薄水）。

一九合十，坐向坎（癸申辰同），见壬寅成水（离同）；坐向离（壬寅成同），见癸甲辰水坎。

陈子奇说：凡是遇上续位继娶和偏房，急于养育子嗣的，运用合十法就会立刻见效。如果正室、偏房都有子嗣，而又想要他们都发福贵，没有比一九合十之局更好的了。因为一与九在先天相合是这种局，在后天也是这种局口壬癸二干，仍然和河图水局相同一；坎离两种卦，又没有消没壬癸，而且先一个在东，一个在西；本就是偏角；后天一个在南，个在北，仍然居在四正这坎、离两卦。龙穴、砂水、大地最多。庸俗的风水师们不知道这种道大多认为是阳龙，从而轻视了它，真是可惜呀。

原先天后天相见之义

张九仪说：先天卦位；地理之体也；后天卦位，地理之用也。然有体不可无用，而有用方能明体自古圣圣相传：龙神之转换，向首之转移，水法之去来，砂位之朝拱，总不外体用互见之旨。

是故，一乾也，先天居正南离位，后天居西北艮位，则离即先天之乾艮即后天之乾，是不独乾甲为乾也，即离壬寅戌与艮丙皆为乾已。

一坤也，先天居正北坎位，后天居西南巽位，则坎即先天之坤，巽即后天之坤，是不独坤乙坤也，即坎癸申辰与巽辛皆为坤已。

一坎也，先天居正西之兑，后天居正北之坤，则兑即先天之坎，坤即后天之坎，是不独坎癸申辰为坎也，即兑丁巳丑与坤乙皆为坎已。

一离也，先天居正东之震，后天居正南之乾，则震即先天之离，乾即后天之离，是不独离壬寅戌为离也，即震庚亥未与乾甲皆为离已。

至于震也，先天居东北艮方，后天居正东离方，则艮即先天之震，离即后天之震是震庚亥未固震也，即艮丙与离壬寅戌亦震已。

至于巽也，先天居西南坤方，后天居东南兑方，则坤即先天之巽，兑，即后天之巽，是巽辛固巽也，即坤乙与兑丁巳丑亦巽已。

至于艮也，先天居西北乾方，后天居东北震方，则乾即先天之艮，震即后天之艮，是艮丙固艮也，即乾甲与震庚亥未亦艮已。

至于兑也，先天居东南巽方，后天居正西坎方，则巽即先天之兑，坎即后天之兑，是兑丁巳丑固兑也，即巽辛与坎癸申辰亦兑已。

先后二天相见之原如此，所以《催官篇》说：

先后天相见图

催宫第一天皇龙，博龙换入天市东。

天皇，亥也；天市，艮也。亥即震也，震博艮是后天入先天也《玉尺径》说：坎得丁坤而发贵，坎见丁为先天，见坤为后天也。《天玉·内传》乾山乾向水流乾乾上高峰出状元。言乾龙午向，寅甲木来，戌水去，丙方峰起，为先天后天相眷属一家也。而吴景鸾《夹竹梅花》更谁言奈世人能读诸仙书，而不能解书之意，遂谓渺茫无据而拘拘，然单泥四水之一法，其亦正义未闻而不得明师以授之耳。予悯杨、曾之道久晦于时故不敢秘吝而泄言之，以广师训云。

乾宫

龙向克水，皆在此中，然《夹竹》却在中言穴去，予博考仙迹，并不拘泥，篇中不言穴字。

坐向乾（申同），见离（壬寅戌同），见艮（丙同）。

坎宫

坐向坎（癸申辰同），见兑（丁巳丑同），见坤（乙同）。

艮宫

坐向艮（丙同），见乾（甲同），见震（庚亥未同）。

震宫

坐向震（庚亥未同），见艮（丙同），见离（壬寅戌同）。

巽宫

坐向巽（辛同），见坤（乙同），见兑（丁巳丑同）。

离宫

坐向离（壬寅戌同），见震（庚亥未同，犯破）。见乾（甲同）。

坤宫

坐向坤（乙同），见坎（癸申辰同），见巽（辛同）。

兑宫

坐向兑（丁巳丑同），见巽（辛同），见坎（癸申辰同）。

陈子奇说：先后一家之义，合龙、向、砂、水而言者也，凡地遇此格者，定产台阁大臣，世代科甲，子孙繁衍；历久不替。然水宜合向，不可驳杂，固明篇中以救斯世法必须口传，方得真正之位，不然则有以巽为辰，以未为丁者多已，宜细审之。

【白话点拨】

先天和后天本是一家的意思，是就合龙向砂水而说的。凡是穴地遇到这种格，一定会出生台阁大臣，世世代代都有子弟登科中举，子孙繁衍众多，永久不衰。然而水应该合向，不可以斑驳杂乱。我将这种道理明白地叙述在书中，以有用于当今世人，但是砂法都必须依靠口传面授，才能得到真传。否更则的话，还说不定真会有把巽当成辰，把未当成丁的，这种人是很多的，应该细细审视才行啊。

先后天相见日月四大局

卯龙
见坎砂（先天之日，喜觅后天之月也）。
坎龙
见卯砂（后天之月，喜见先天之日也）。
离龙
见酉砂（后天之日，喜见先天之月也）。
酉龙
见离砂（先天之月，喜见后天之日也）。
陈子奇说：此四大局，即《催官篇》言：日月不起太阳高，太阴得水贵还嚎二句中，日月起也。

【白话点拨】

先后天相见日月四大局：

卯龙，见坎砂（先天的日喜见后天的月）；

坎龙，见卯砂（后天的月喜见先天的日）；

离龙，见酉砂（先天的日喜见后天的月）；

酉龙，见离砂（后天的月喜见先天的日）；

陈子奇说：这四大局，也就是《催官篇》中所说的：日月不起太阳高，太阴水就会富贵而且英豪。这便是日月起。

原纳甲五行之义

并太极生两仪，两仪生四象，四象生八卦，与二十四山消灭、八卦之煞曜，俱详篇中。

张九仪说：纳甲之旨原于太阴也。而太阴盈亏之序原于八卦，八卦阴阳之次原于四象。四象太少之分原于两仪，两仪清浊之判原于太极，太极未兆之先原于无极。夫无极莫可名言，莫可形状，惟既无极中，冥冥漠漠，一气混论之象，有若图之大圈。然谓太极，由太极中一气动荡，气之轻清则为阳，有若图之白者。然气之重浊者，则为阴，有若图之黑者。然是谓两仪由阳仪中动荡，得纯阳之气，如中东南乾兑角上，是谓太阳。得阳三阴七之气，如图中东北震离角上，是谓少阴。由阴仪中动荡，得纯阴之气，如图中西北坤艮角上，是谓太阴。得阳七阴三之气，如图中西南巽坎角上，是谓少阳。

然阴阳之理，两相交媾，纯阳之中有阴，纯阴之中有阳。由太阳内动荡，而得通体皆阳者则为乾，得二阳一阴者则为兑。由少阳内动荡，而得内阴外阴者则为离，得一阳二阴者则为震。由少阴内动荡而得一阴二阳者，则为巽，得内阳外阴者则为坎。由太阴内动荡而得二阴一阳者，则为艮，得通体皆阴者，则为坤。分谓之八卦。

总谓之四象

人皆以太极外生两仪，两仪外生四象，四象外生八卦，而不知两仪即在太极中，四象即在两仪中，八卦即在四象中也，而纳甲之义可考也。

离为日体，坎为月体，其余六卦循次而见八卦，皆父乾而母坤，震为长子，乃乾父之体，因坤母而兆，故太弱自每月二十八至次月初二，尽魄纯黑而为坤卦，初三月光明三分。

是一阳初生消坤之初六（乙）未爻，为初九（庚子爻，故坤乙山忌用庚子日及卯日）。震（三）之象也（即地迟雷处，见天根之旨），日初入时，月在庚方，故震纳庚而亥未与震三合亦纳也其卦六爻：初九庚子（父母），六二庚寅（兄弟），六三庚辰妻财，九四庚午（子孙）六五庚申、（官鬼），上六庚戌（妻财），卦中官爻以为煞曜，故震忌猴（畏申木、畏申日而以之看子、父财、官，最简易明切（善用之则煞为官贵）。如卯龙入首（庚亥未同），作兑向（丁巳丑同），为泽雷随，震宫属木，则初九庚子（父母），六二庚寅（兄弟），六三庚辰（妻财），九四丁亥（父母），九五丁酉（官鬼），上六丁未（妻财）。龙为内卦，喜砂则子寅辰方峰喜朝耸；向为外卦，喜水则亥酉未方水喜流动，盖龙管砂、向管水也。此就震畜震，依类推之，可尽知也。初八上弦，月光明六分。

是二阳，生消震之，六二（庚寅爻），为九二（丁卯爻，故震庚亥未山忌用丁卯日及酉时）。兑（☱）之象也，日初入时，月在丁方，故兑纳丁，而巳丑与兑三合亦纳也。其卦六爻，初九丁巳（官鬼），九二丁卯（妻财），六三丁丑（父母）；九四丁亥（子孙），九五丁酉（兄弟），上六丁未（父母）。卦中宫、以为煞曜，故兑忌蛇（畏巳水、忌巳日），以后子、父、财、宫俱依前推，至十五对望，月光圆满。

纯阳矣消兑之，六三（丁丑爻），为九三（甲辰爻，故兑丁巳丑山，忌甲日并甲辰日），乾（☰）之象也，日初入时，月起甲方，故乾纳甲，壬为天干之九八卦纳八干，余九与十分配乾坤，故乾纳甲、又之纳壬坤纳乙、又纳癸。罗经无戊己，故离之纳己者。后天居乾上，乃分乾之壬纳于离；坎之纳戊者，一天居坤上，乃分坤之癸纳于坎。乾卦六爻，初九甲子（子孙），九二甲寅。

妻财，九三甲辰（父母），九四壬午（官鬼），九五壬申（兄弟），上九壬戌（父母）。卦中宫爻以为煞曜，故乾（甲同），忌马（忌午水、午日），前三卦俱在戌时，观太阴。后日起迟则从卯时观太阴，以日出为准，十八日月盈而亏，下缺三分。

是一阴初生灭乾之初九（甲子爻），为初六（辛丑爻，故干甲山忌用辛日并辛丑日），巽之象也，（即乾遇巽时为月窟之旨），日初出时，月在辛方故巽纳辛。其卦六爻，初六辛丑（妻财），九二辛亥（父母），九三辛酉（官鬼），六四辛未（妻财），九五辛巳

(子孙)，上九辛卯（兄弟）。卦中官爻以为曜煞，故巽（辛同），忌鸡（忌酉水、忌酉日）。二十三日下弦，月光亏六分。

是二阴生灭巽之九二（辛亥爻），为六二（丙午爻，故巽辛山忌丙日并丙午日）。艮（三兰）之象也，日初出时，月在丙方，故艮纳丙。其卦六爻，初六丙辰兄弟），六二丙午（父母），九三丙申（子孙），六四丙戌（兄弟）、，六五丙子妻财），上九丙寅（官鬼）。卦中宫爻以为煞曜，故艮（丙同），忌虎（忌寅水、忌寅日），二十八日，月光尽晦。

灭艮之九三（丙申爻），为六三（乙卯爻，故艮丙山忌用乙日并乙卯日）。

是为纯阴坤（三兰）之象也，初出时，月在乙方，故坤纳乙与癸。其卦六爻，初六乙未（兄弟），六二乙巳（父母），六三乙卯（官鬼），六四癸丑（兄弟），六五癸亥（妻财），上六癸酉(子孙)。卦中宫爻以为煞曜，故坤（乙同），忌兔（畏卯水、忌卯日）。

以上六卦各有消灭，惟坎、离得日月正体，无消灭。其在先天也，一东一西；在后天也，一南一北，将洛书中央之戊己经纬乎中，故坎（）中爻阳，纳戊土；离（）中爻阴，纳己土。文王卦用之，而地理以戊寄艮，己寄坤。于是离分乾之，壬与寅戌三合，而纳壬寅戌也。坎分坤之，癸与申辰三合，而纳癸申辰也。离卦六爻，初九己卯（父母），六二己丑（子孙），九三己亥（官鬼），九四己酉（妻财），六五己未（子孙），上九己巳（兄弟）。卦中官爻以为煞，故离（壬寅戌同），忌猪（畏亥水、忌亥日）。坎卦六爻，初六戊寅（子孙），九二戊辰（官鬼凡六三戊午（妻财），六四戊申（父母），九五戊戌（官鬼，上六戊子（兄弟）。卦中官爻以为煞曜，故坎（癸申辰同）；忌龙又忌戌—畏戊辰、戊戌日），纳甲源委，彰明较着矣。

今将各龙装卦，以看子、父、财、官。龙为内卦管砂，贝喜砂起；向为外卦管水，则喜水朝详列于左。

【白话点拨】

太极生两仪，两仪生四象，四象生八卦，和二十四山之消灭，八卦之然曜，这其中的道理也一起在本篇中详细说明。张九仪说：纳甲的意旨，来源于太阴；而太阴盈，方的时序，又来源于太极；太极没出现之前，来源于无极。

汉代易学术语。由西汉易学家京房创造的筮法。将十干纳于八卦，并与五行、方位相配合。即干纳甲，坤纳乙，甲乙为木，表示东方；艮纳丙，兑纳丁，丙丁为火，表示南方；坎纳戊，离纳己，戊己为土，表示中央；震纳庚，巽纳辛，庚辛为金，表示西方；干纳壬，坤纳癸，壬癸为水，表示北方。甲为十干之首，举一以概其余，故名。《周易参同契》以震、兑、乾、巽、艮、坤六卦表示一月中阴阳的消长，甲、乙、丙、丁、戊、己、庚、辛、壬、癸十干表示一月中的日月地位。如震表示初三日的新月，受一阳之光，昏见于西方庚地；兑表示初八日的上弦月，受二阳之光，昏见于南方丁地；乾表示十五日的望月，受三阳之光，昏见于东方甲地。这叫做望前三候，象征阳息阴消。巽表示十六日的月象由圆而缺，始生一阴，平旦没于西方辛地；艮表示二十三日的下弦月，复生一阴，平旦没于南方丙地；坤表示三十日的晦月，全变三阴，伏于东北。这叫做望后三候，象征阳消阴息。坎离二卦配戊己，居中央代表日月本位，这是较为通行的“纳甲法”，卜家以卦又分配干支五行，《汉上易》注云：“纳甲之法不尽相同，如扬雄、葛洪所言又异于京房。”

乾龙（甲同）

甲向（乾同）：乾为天卦，系乾宫第一卦，属金。内卦：初九甲子（子孙），九二甲寅（妻财），九三甲辰（父母）；外卦：九四壬午（官鬼）九五壬申（兄弟），上九壬戌（父母）。

兑向（丁巳丑同）：泽天央卦，系坤宫第六卦属土。内卦：九二甲子（妻财），初九甲寅（官鬼），九三甲辰（兄弟）；外卦：九四丁亥（妻财），九五丁酉（子孙），上六丁未（兄弟）。

离向（壬寅戌同）：火天大有，系乾宫第八卦属金。内卦；初九甲子（子孙），九二甲寅（妻财），九三甲辰（父母），外卦；九四巳酉（兄弟），六五己未父母），上九己巳（官鬼）。

震向（庚亥未同）：雷天大壮，系坤宫第五卦属土。内卦：初九甲子（妻财），九二甲寅（官鬼），九三甲辰（兄弟）；外卦：九四庚午（父母），六五庚申子孙），上六庚戌（兄弟）。

巽向（辛向）：风天小畜，系巽宫第二卦属水。内卦：初九甲子（父母），九二甲寅（兄弟），九三甲辰（妻财）；外卦：六四辛未（妻财），九五辛巳（子孙），上九辛卯（兄弟）。

坎向（癸申辰同）：水天需，系坤宫第七卦属土。内卦：初九甲子（妻财），九二甲寅（官鬼），九三甲辰（兄弟）；外卦：六四戊申（子孙），九五戊戌（兄弟），上六戊子（妻财）。

艮向（丙同）：山天大畜，系艮宫第三卦属土。内卦：初九甲子（妻财），九二甲寅（官鬼），九三甲辰（兄弟）；外卦：六四丙戌（兄弟），六五丙子（妻财），上九丙寅（官鬼）。

坤向（乙同）：地天泰，系坤宫第四卦属土。内卦：初九甲子（妻财），九二甲寅（官鬼），九三甲辰（兄弟）；外卦：六四癸丑

（兄弟），六五癸亥（妻财），二六癸酉（子孙）。

坎龙（癸申辰同）

坎向（癸申辰同），坎为水，系坎宫第一卦属水；内卦，初六戊寅（子孙）：九二戊辰（官鬼），六三戊午（妻财）外卦：六四戊申（父母），九五戊戌（官鬼），上六戊子（兄弟）。

乾向（甲同）：天水讼，系离宫第七卦属火。内卦：初六戊寅（父母），九二戊辰（子孙），六三戊午（兄弟）；外卦，九四壬午（兄弟），九五壬申（妻财），上九壬戌（子孙）。

兑向（丁巳丑同）：泽水困，系兑宫第二卦属金。内卦：初六丁寅（妻财），九二戊辰（父母），六三戊午（官鬼）；外卦：九四丁亥（子孙），九五丁酉（兄弟），上六丁未（父母）。

离向（壬寅戌同）：水火未济，系离宫第四卦属火。内卦：初六戊寅（父母），九二戊辰（子孙），六三戊午（兄弟）。外卦：九四已酉（妻子），六五已未（子孙），上九己巳（兄弟）。

震向（亥未戌同）：雷水解，系震宫第三卦属水。内卦：初六戊寅（兄弟弟），九三戊辰（妻财），六三戊午（子孙）；外卦：九四庚午（子孙），六五庚中（官鬼），上六庚戌（妻财）。

巽向（辛同）：风水涣，系离富第六卦属火。内卦：初六戊寅（父母），九二戊辰（子孙），六三戊午（兄弟）；外卦：六四辛未（子孙）九五辛巳（兄弟），上九辛卯（父母）。

艮向（丙同）：山水蒙，系离宫第五卦属火。内卦：初六戊寅（父母），九三戊辰（子孙），六二戊午（兄弟），外卦：六四丙戌（子孙六五丙子（官鬼），上九丙寅（父母）。

坤向（乙同）：地水师，系坎宫第八卦属水。内卦：初六戊寅

（子孙），九二戊辰（官鬼），六三戊午（妻财）；外卦：六四癸丑（官鬼），六五癸亥（兄弟），上六癸酉（父母）。

艮龙（丙同）

艮向（即丙也）；艮为山，系艮宫第一卦属土。内卦：初六丙辰（兄弟），六二丙午（父母），九三丙申（子孙）；外卦：六四丙戌（兄弟），六五丙子（妻财），上九丙寅（官鬼）。

乾向（甲同）：天山遁，系乾宫第三卦属金。内卦：初六丙辰（父母），六二丙午（官鬼），九三丙申（兄弟）；外卦：九四壬午（官鬼），九五壬申（兄弟），上九壬戌（父母）。

兑向（丁巳丑同）：泽山咸，系兑宫第四卦属金。内卦：初六丙辰（父母），六二丙午（官鬼），九三丙申（兄弟）；外卦一九四丁亥（子孙），九五丁酉（兄弟），上六丁未（父母）。

离向（壬寅戌同）：火山旅，系离宫第二卦属金。内卦：初六丙辰（子孙），六二丙午（兄弟），九三丙申（妻财）；外卦：九四己酉（妻财），六五己未（子孙），上九己巳（兄弟）。

震向（庚亥未同）雷山小过，系兑富第七卦属金。内卦：初六丙辰（父母），六二丙午（官鬼），九三丙申（兄弟）；外卦：九四庚午（官鬼），六五庚申（兄弟），上六庚戌（父母）。

巽向（辛同）：风山渐，系艮宫第八卦属土。内卦：初六丙辰（兄弟），六二丙午（父母），九三丙申（子孙）；外卦：六四辛未（兄弟），九五辛巳（父母），上六辛卯（官鬼）。

坎向（癸串辰同）：山水蹇，系兑宫第五卦属金。内卦：初六丙辰（父母），六二丙午（官鬼），九三寅申（兄弟）；外卦：六四戊申（兄弟），九五戊戌（父母），上六戊申（子孙）。

坤向（乙同）：地山谦，系兑宫第六卦属金。内卦：初六丙辰（父母），六二丙午官鬼，九三丙申（兄弟）；外卦：六四癸丑（父母），六五癸亥（子孙），上六癸酉酉（兄弟）。

震龙（庚亥未同）

震向（庚亥未同）：震为雷，系震宫第一卦属木。内卦：初九庚子（父母），六二庚寅（兄弟），六三庚辰（妻财）；外卦：九四庚午（子孙），六五庚（官鬼），上六庚戌（妻财）。

乾向（甲同）：天雷无畏，系巽宫第五卦属木。内卦：初九庚子（父母），六二庚寅（兄弟），六三庚辰（妻财）；外卦：九四壬午（子孙），九五壬申（官鬼），上九壬戌（妻财）。

兑向（丁巳未同）：泽雷随，系震宫第八卦属木。内卦：初九庚子（父母），六二庚寅（兄弟），六三庚辰（妻财）；外卦：九四丁亥（父母），九五丁酉（官鬼），上六丁未（妻财）。

离向（壬寅戌同）：火雷噬嗑，系巽宫第六卦属木。内卦：初九庚子（父母），六二庚寅（兄弟），六三庚辰（妻财）；外卦：九四己酉（官鬼），六五己未（妻财），上九己巳（子孙）。

巽向（辛同）：风雷益，系巽官第四卦属木。内卦：初九庚子（父母），六二庚寅（父母），六三庚辰（妻财）；外卦：六四辛未（妻财），九五辛巳（子孙），上九辛卯（兄弟）。

坎向（癸申辰同）：水雷屯，系坎宫第三卦属木。内卦：初九庚子（兄弟），六二庚寅（子孙），六三庚辰（官鬼）；外卦：六四戊申（父母），九五戊戌（官鬼），上六戊子（兄弟）。

艮向（丙同）：山雷颐，系巽宫第七卦属木。内卦：初九庚子（妻财），六二庚寅（兄弟），六三庚辰（父母）；外卦，六四丙戌

（妻财），六五丙于（父母），上九丙寅（兄弟）。

坤向（乙同）：地雷复，系坤宫第二卦属土。内卦：初九庚子（妻财），六二庚寅（官鬼），六三庚辰（兄弟）；外卦：六四癸丑（兄弟），六五癸亥（妻财），上六癸酉（子孙）。

巽龙（辛同）

巽向（辛向）：巽为风，系巽宫第一卦属木。内卦：初六辛丑（妻财），九二辛亥（父母），九三辛酉（官鬼）；外卦：六四辛未（妻财），九五辛巳（子孙），上九辛卯（兄弟）。

乾向（甲同）天风，属宫第二卦属金。内卦：初六辛丑（父母），九二辛亥（子孙），九三辛酉（兄弟）；外卦：九四壬午（官鬼），九五壬申（兄弟），上九壬戌（父母）。

兑向（丁巳丑同）：泽风大过，系震宫第七卦属木。内卦：初六辛丑（妻财），九二辛亥（父母）九三辛酉（官鬼）；外卦：九四丁亥（父母），九五丁酉官鬼），上六丁未（妻财）。

离向（壬寅戌同）：火风鼎，系离宫第二卦属火。内卦：初六辛丑（子孙），九二辛亥（官鬼），九三辛酉（妻财）；外卦：九四己酉（妻财），六五己未（子孙），上九己巳（兄弟）。

震向（庚亥未同）：雷风恒，系震宫第四卦属木。内卦：初六辛亥（妻财），九二辛丑（父母），九三辛酉（官鬼）；外卦：九四庚午（子孙），六五庚申（官鬼），上六庚戌（妻财）。

坎向（癸申辰同）：水风井，系震宫第六卦属木。内卦：初六辛丑（妻财）、九二辛亥（父母）、九三辛酉（官鬼）；外卦：六四戊申（官鬼）、九五戊戌（妻财），上六戊子（父母）。

艮向（丙同）：山风蛊，系巽宫第八卦属木。内卦：初六辛丑

（妻财），九二辛亥（父母），九三辛酉（官鬼）；外卦：六四丙戌（妻子），六五丙子（父母），上九丙寅（兄弟）。

坤向（乙同）：地风升，系震宫第五卦属木。内卦：初六辛丑（妻财），九二辛亥（父母）；九三辛酉（官鬼）；外卦：六四癸丑（妻财），六五癸亥（父母），上六癸酉（官鬼）。

离龙（壬寅戌同）

离向壬寅戌同：离为火，系离宫第一卦属火。内卦：初九己卯（父母），六二己丑（子孙），九三己亥（官鬼）；外卦：九四己酉（妻财），六五己未（子孙），上九己巳（兄弟）。

乾向（甲同）：天火同人，系离宫第八卦属火。内卦；初九己卯（父母），六二己丑（子孙）一，九三己亥（官鬼）；外卦：九四壬午（兄弟），九五壬申（妻财），上九壬戌（子孙）。

兑向（丁巳丑同）：泽火革，系坎宫第五卦属水。内卦：初九己卯（子孙），六二丑（官鬼）一，九三己亥（兄弟）；外卦：九四丁亥（兄弟），九五丁酉（父母），上六丁未（官鬼）。

震向（庚亥未同）：雷火丰，系坎宫第六卦属水。内卦：初九已卯（子孙），六二己丑（官鬼），九三己亥（兄弟）；外卦：九四庚午（妻财），六五庚申（父母），上六庚戌（官鬼）。

巽向（辛同）：风火家人，系巽宫第六卦属木。内卦：初九己卯（兄弟）一六二己丑（妻财），九三己亥（父母）；外卦：六四辛未（妻财），九五辛巳（子孙），上九辛卯（兄弟）。

坎向（癸申辰同）：水火既济，系坎宫第四卦属水。内卦：初九己卯（子孙），六二己丑（官鬼），九三己亥（兄弟）；外卦：六四戊申（父母），九五戊戌（官鬼），上六戊子（兄弟）。

艮向（丙同）：出水贲，系坎宫第二卦属土。内卦：初九己卯（官鬼），六二己丑（妻财）；九三己亥（兄弟）；外卦：六四丙戌（兄弟），六五丙子（妻财），上九丙寅（官鬼）。

坤向（乙同）：地火明夷，系坎宫第七卦属水。内卦：初九己卯（子孙），六二己丑（官鬼），九三己亥（兄弟）；外卦：六四癸丑（官鬼）；六五癸亥（兄弟），上六癸酉（父母）。

坤龙（乙同）

坤向（乙同）：坤为地，系坤官第一卦属土。内卦：初六乙未（兄弟），六二乙巳（父母），六三乙卯（官鬼）；外卦：六四癸丑（兄弟），六五癸亥（妻财），上六癸酉（子孙）。

乾向（甲同）：天地否，系乾宫第四卦属金。内卦：初六乙未（父母），六二乙巳（官鬼），六三乙卯（妻财）；外卦：九四壬午（官鬼），九五壬申（兄弟），上九壬戌（父母）。

兑向（丁巳丑同）：泽地萃，系兑宫第三卦属金。内卦：初六乙未（父母），六二乙巳（官鬼），六三乙卯（妻财）；外卦：九四丁亥（子孙）九五丁酉（兄弟），上六丁未（父母）。

离向（壬寅戌同）：火地晋，系乾宫第七卦属金。内卦：初六乙未（父母），六二乙巳（官鬼），六三乙卯（妻财）；外卦：九四己酉（兄弟），六五己未（父母），上九乙巳（官鬼）。

震向（庚亥未同）：雷地豫，系震宫第二卦属木。内卦：初六乙未（父母），六二乙巳（子孙），六三乙卯（兄弟）；外卦：九四庚午（子孙），六五庚申（官鬼），上六庚戌（妻财）。

巽向（辛同）：风地观，系乾宫第五卦属金。内卦：初六乙未（父母），六二乙巳（官鬼），六三乙卯（妻财）；外卦：六四辛未

（父母）九五辛巳（官鬼），上九辛卯（妻财）。

坎向（癸申辰水）：水地比，系坤宫第八卦属土。内卦：初六乙未（兄弟），六二乙巳（父母），六三乙卯（官鬼）；外卦：六四戊申（父母），九五戊戌（兄弟），上六戊子（妻财）。

艮向（丙同）：山地剥，系乾宫第六卦属金。一内卦：初六乙未（父母），六二乙巳（官鬼），六三乙卯（妻财）；外卦：六四丙戌（父母），六五丙子（子孙），上九丙寅（妻财）。

兑龙（丁巳丑同）

兑向（丁巳丑同）：兑为泽，系兑宫第一卦属金。内卦：初九丁巳（官鬼），九二丁卯（妻财），六三丁丑（父母）；外卦：九四丁亥（子孙），九五丁酉（父母），上六丁未（父母）。

乾向（甲同）：天泽复，系艮宫第六卦属土。内卦：初九丁巳（父母），九二丁卯（官鬼），六三丁丑（兄弟）；外卦：九四壬午（父母），九五壬申（子孙），上九壬戌（兄弟）。

离向（壬寅戌同）：火泽睽，系艮宫第五卦属土。内卦：初九丁巳（父母），九二丁卯（官鬼），六三丁丑（兄弟）；外卦：九四己酉（子孙），六五己（兄弟），上九己巳（父母）。

震向（庚亥未同）：雷泽归妹，系兑宫第八卦属金。内卦：初九丁巳（官鬼），九二丁卯（妻财），六三丁丑（父母）；外卦：九四庚午（官鬼），六五庚申（兄弟），上六庚戌（父母）。

巽向（辛同）：风泽中孚，系艮宫第七卦属土。内卦：初九丁巳（父母）九二丁卯（官鬼），六三丁丑（兄弟）：外卦：六四辛未（兄弟），九五辛巳（父母），上九辛卯（官鬼）。

坎向（庚申辰同）：水泽节，系坎宫第二卦属水。内卦：初九丁巳（妻财），九二丁卯（子孙），六三丁丑（官鬼）；外卦：六四戊申（父母），九五戊戌（官鬼），上六戊子（兄弟）。

艮向（丙同）：山泽损，系艮宫第四卦属土。内卦、：初九丁巳（父母），二丁卯（官鬼），六三丁丑（兄弟）；外卦：六四丙戌（兄弟），六五丙子（妻财），上九丙寅（官鬼）。

坤向（乙同）：地泽临，系坤宫第三卦属土。内卦：初九丁巳（父母）二丁卯（官鬼），六三丁丑（兄弟）；外卦：六四乙丑（兄弟），六五乙亥（妻财），上六乙酉（子孙）。

以上六十四卦，每卦都注宫录爻，详细已，最简洁，最明白，又便记诵登临之时，一望便知，不用思索者有如：

乾为天（乾龙干向）、天风姤（巽龙乾向）、天山遁（艮龙乾向）、天地否（坤龙坤向）、风地观（坤龙巽向）、山地剥（坤龙巽向）、火地晋（坤龙离向）、火天大有（乾龙离向）、兑为泽（兑龙兑向）、泽水困（坎龙兑向）、泽地萃（坤龙总向）、泽山皆（艮龙兑向）、山水蹇（艮龙兑向）、地山谦（艮龙坤向）、雷山小过（艮龙震向）、雷泽归妹（兑龙震向）。乾兑皆属金则寅卯（妻财）、巳无（官鬼）、申酉（兄弟）、亥子（子孙）、辰戌丑未（父母）。

离为火（离龙离向）、火山旅（艮龙离向）、火风鼎（巽龙离向）、水火未济（坎龙离向）、山水蒙（坎龙艮向）、风水涣（坎龙巽向）、天水讼（坎龙乾）、天火同人（离龙乾向）。离宫属火，则寅卯（父母）、巳午（兄弟）、（申酉向）、亥子（官鬼）、辰戌丑未（子孙）。

震为雷（震龙震向）、雷地豫（坤龙震向）、雷水解（坎龙震向）、雷风恒巽龙震向）、地风升（巽龙坤向）、水风升（巽龙坎向）、泽风大过（巽龙兑向）、泽雷随（震龙兑向）。

巽为风（巽龙巽向）、风天小畜（乾龙巽向）、风火家人（离龙巽向）、风雷益（震龙巽向）、天雷无姿（震龙干向）、火雷噬嗑

（震龙离向）、山雷颐（震龙艮向）、山风蛊（巽龙艮向）震、巽二宫都属木，则寅卯（兄弟），巳午（子孙），申酉（官鬼）、亥子（父母）、辰戌丑才（妻财）。

坎为水（坎龙坎向）、水泽节（兑龙坎向）、水雷屯（震龙坎向）、水火既济离龙坎向）、泽火革（离龙兑向）、雷火丰（离龙震向）、地火明夷。（离龙坤母）、地水师（坎龙坤向）。坎宫属木，则寅卯（子孙）、巳午（妻财）、申酉（父母）、亥子（兄弟）、辰戌丑未（官鬼）。

艮为山（艮龙艮向）、山火贲（离龙艮向）、山天大畜（乾龙艮向）、山泽（兑龙艮向）、火泽睽（兑龙离向）、天泽履（兑龙乾向）、风泽中浮（兑龙巽向）、风山渐（艮龙巽向）。

坤为地（坤龙坤向）、地雷复（震龙坤向）、地泽临（兑龙坤向）、地天泰（乾龙坤向）、雷天大壮（乾龙震向）、泽天（乾龙兑向）、水天需（乾龙坎向），水地比（坤龙坎向）。

艮、坤二宫都属土，则寅卯（官鬼）、巳午（父母）、申酉（子孙）、亥子（妻财）、辰戌丑未（兄弟）。

此夫子序卦也，熟读之则了然矣。

纳甲水八大局

离宫

坐向离，见壬寅戌水。

坐向壬寅戌，见离水。

凡本卦向见所纳之水，为子来顾母之义。纳甲向见本卦之水，为母来顾子之义。

坎宫

坐向坎见癸申辰水。
坐癸申辰，见坎水。

震宫

坐向震，见庚亥未水。
坐向庚亥未，见震水。

兑宫

坐向兑，见丁巳丑水（忌巳煞并丑煞）。
坐向丁巳丑，见兑水（忌巳）。

乾宫

坐向乾，见甲水。
坐向甲，见乾水。

巽宫

坐向巽，见辛水。
坐向辛，见巽水。

艮宫

坐向艮，见丙水。
坐向丙，见艮水。

坤宫

坐向坤，见乙水。
坐向乙，见坤水。

纳甲归元水八大局

卯龙：见庚水。　　兑龙：见丁水。
巽龙：见辛水。　　乾龙：见甲水。
离龙：见壬水。　　坎龙：见癸水。
坤龙：见乙水。　　艮龙：见丙水。

陈子奇说：已上八归元水，即催官水也。杨、曾口诀首重之，内卦除坎龙癸水，不能逆收外，余卦若见归元水，即迎水立向，不独发富而且还回催官。

【白话点拨】

以上八大归元水局，是催官水。杨公、曾公的口诀中占很重要的位置。内卦中除坎龙癸水涌逆收外，其他卦中如果见到归元水，迎水立向，不但大富，而且催生官贵。

纳甲消灭喜忌十二局

喜者，息也，我从他处生来也；忌者，消也，他从我处生去也。

坐向震（庚亥未同），喜坤（乙同，向克水亦不利），忌兑（丁巳丑同，合十不忌）。

坐向兑（丁巳丑同），喜震（庚亥未同），忌乾（甲同）；

坐向乾（甲同），喜兑（丁巳丑同），忌巽（辛同，合十不忌）；

坐向巽（辛同），喜乾（甲同），忌艮（丙同）；

坐向艮（丙同），喜巽（辛同，少男遇巽，美中不足），忌坤（乙同，合十不忌）；

坐向坤（乙同），喜艮（丙同，合十更喜），忌震（庚亥未同，兼八煞；

坐向巽（辛同），喜乾（甲同），忌艮（丙同）；

坐向艮（丙同），喜巽（辛同，少量遇巽，就会美中不足），忌坤（乙同，合十不忌）；

坐向坤（乙同），喜艮（丙同，合十更喜），忌震（庚亥未厨）。兼八煞更忌。

坎、离二卦没有消灭。

纳甲官鬼爻八煞水八大局

坐向巽（辛同），忌兑（丁巳丑同）。

坐向兑（丁同），忌巳（丑同）。

坐向震（庚亥未同），忌坎（癸申辰同）。

坐向坤（乙同），忌卯庚（卯未同）

坐向艮（丙同），忌离（壬同）。

坐向离（壬同），忌亥（庚卯未同）。

坐向乾（甲同），忌离（壬同）。

坐向坎（癸申辰同）忌，忌辰戌（丑大利）。

陈子奇说：八煞水不独畏正煞，即煞之党与亦畏者也。独乾不畏离，坎不畏辰戌，惟阴向方为煞耳，不可不知也。

【白话点拨】

八煞水不单单是畏惧正煞，边煞的也很畏惧，只有乾不畏离，不畏辰戌，只有在阴向方者是煞。这种道理不可以不知道。

原隔八相生之义

张子微说：此图邵氏所谓后天之学，文王之《易》也。以反对为次，推气候之消长，因时而见冬至为岁朔。天开于子，以复一阴潜于下，故十一月建子，其律黄钟，其卦为复。复者，阳之根，乾之始，一阳也一阳生二阴之遁。

隔八相生图

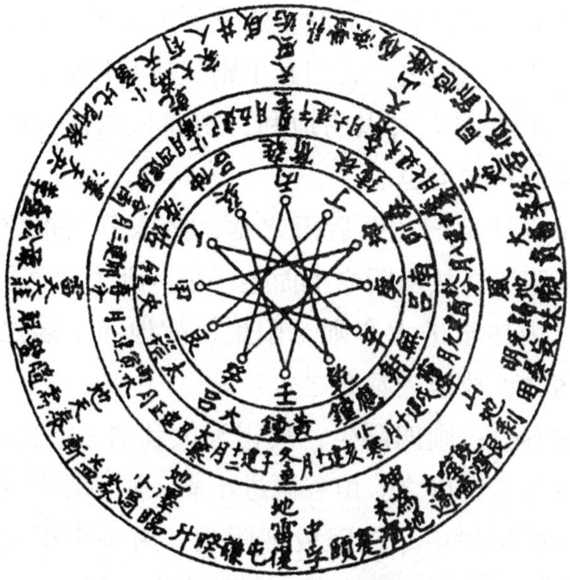

十二月建丑，其律大昌，起卦为临，二阳也，二阳生三阴之否。

正月建寅，其律太簇，其卦为泰，三阳也，三阳生四阴之观。

二月建卯，其律夹钟，其卦为大壮，四阳也，四阳生五阴之剥。

三月建辰，其律姑洗，其卦为夬五阳也，五阳生六阴之坤。

四月建巳，其律仲吕，其卦为乾，六阳也，六阳生一阴之复。

五月建午，其律蕤宾，其卦为姤阴之，坤之始，一阴也，一阴生二用之临。

六月建未，其律林钟，其卦为遁，二阴也，二阴生三阳之泰。

七月建申，其律夷则，其卦为否，三阴也，三阴生四阳之大壮。

八月建酉，其律南吕，其卦为观，四阴也，四阴生五阳之。

九月建戌，其律无射，其卦为剥，五阴也，五阴生六阳之干。

十月建亥，其律应钟，其卦为坤，六阴也，六阴生一阳之。

此阴阳消长，一岁之纲也。其损益相生之次，自黄钟之管，阳皆下生，阴皆上生。自蕤宾之管，阴反下生，阳反上生，以象天地之气也。此天之时，地之气，当其生则气应其位而吉，当其煞则气应其位而凶。圣人因天时以明地利，制律吕以候天时，测土圭以辨方位，裁成辅相之道也。

张九仪说：子微谓此图后天之学，然依节气推之，先天未坤尽子中，阴极阳生，故六阴之下而生一阳，则为地雷复，此黄钟为律历之首也。由冬至进大寒则二阳生，故地泽临居之。由大寒进雨水则三阳居之，故地天泰居之。

由雨水进春分，则四阴生，故雷天大壮居之。由春分进谷雨，则五阳生，故泽天夬居之。由谷雨进小满，则六阳俱足，而为纯乾矣！所以说：乾尽午中。然阳极则阴生，由小满退夏至，则一阴生，故天风居之。由夏至退大暑，则二阴生，故天山遁居之。由大暑退处暑，则三阴生，故天地否居之。由处暑退秋分，则四阴生，故风地观居之。由秋分退霜降，则五阴生，故山地剥居之。由霜降退小雪，则六阴俱足，而为纯坤矣！

合而观之，此图知先天之学也，其相生之一，一阳生二阴，三阴生三阳，三阳生四阴，四阴生五阳，五阳生六阴，六阴复生一阴。故黄钟生林钟，林钟生太簇，太簇生南吕，南吕生姑洗，姑洗生应钟，此黄钟之管所自生也。六阴生一阴，则一阴生二阳，二阳生三阴，三阴生四阳，四卫生五阴，五阴生六阳，隔八相生之义如此，知地君子用之，视水法之来去。欲其朝我者，我生之而不竭；辞我者，生乎我而不去用之。定卜葬之气候，欲其注我而受节气之滋润，不欲其泄我而受节气之摧枯，尽在是矣。如坐壬也，其律黄钟，其卦地雷复，则欲丁水来，所谓黄钟生林钟，复卦一阳生遁卦二阴，非朝我者，我生之而不竭乎！欲巽水去，所谓仲吕生黄钟，乾卦六阳复生复卦一阳，非辞我者生乎，我而不去乎！举一局而他局依类推之，水法详矣！若夫气候之说，如壬山也（即龙也），其律黄钟，其卦复，其节气十一月，冬至建子，则用仲吕之月（若年更吉）。盖仲吕生黄钟，而四月建巳，小满节气，其卦纯乾，六阳已极，其体全盛。故当冬至一阳复生，实基于此。惟用此月则黄钟之一阳得六阳以生之，岂不注我而滋润乎！苟林钟之月，卜葬是也则二阳生二阴，复去生遁，地中之气虚馁无力，不几泄我而摧枯欤？子微司因天时以明地利者，言水法也（砂亦可推）；言制律吕以候天时者，司葬期也。人若知此义，测土圭以辨方位，自得其彰明，较明著者已。

隔八相生律吕阖辟局　共二十四局

八干四维十二局

坐艮，庚来，丁去。
坐甲，辛来，坤去。
坐乙，乾来，庚去。
坐巽，壬来，辛去。
坐丙，癸来，乾去。
坐丁，艮来，壬去。
坐坤，甲来，癸去。
坐庚，乙来，艮去。
坐辛，巽来，甲去。
坐乾，丙来，乙去。
坐壬，丁来，巽去。
坐癸，坤来，丙去。

地支十二局

坐子，未来，巳去。
坐丑，申来，午去。
坐寅，酉来，未去。
坐卯，戌来，申去。
坐辰，亥来，酉去。
坐巳，子来，戌去。
坐午，丑来，亥去。
坐未，寅来，子去。
坐申，卯来，丑去。
坐酉，辰来，寅去。
坐戌，巳来，酉去。
坐亥，午来，辰去。

陈子奇说：凡二十四局，其法原于乾一、兑二、离三、震四、巽五、坎六、艮七坤八。先天卦位，乾坤对而得一八，艮兑对而得二七，离坎对而得三六，震巽而得四五，皆合九数也，而得九相生之数。如巳生丑，丑生酉，酉生巳又生丑，九九循环，不出别路，此三合联珠贵无价，古人所最重者，其诀以坐生来、来生去、去生坐为主。如坐亥则喜未来从卯去、坐戌则喜午来从寅去之类，不以墓来旺去、旺来生去为嫌。但天干合三九之数则宜坐地：方为合格获福。时有一术士，见申子辰局而坐壬，干甲丁局而坐亥者，藉双山无妨，不知三九环生之机不相符合，其误人之效已见，而人尚不觉也，叹已！

原天干化合之义

甲与己合，起甲子至辰得戊辰，故化土。

乙与庚合，起丙子至辰得庚辰，故化金。

丙与辛合，起戊子至辰得壬辰，故化水。

丁与壬合，起庚子至辰得甲辰，故化木。

戊与癸合，起壬子至辰得丙辰，故化火。

张九仪说：人亦知十干化合之本原乎？昔黄帝祀天于园邱，天降十干，爰命大挠作十二支以配之，故十干曰天干，而其所由合，即天一，地二；天三地四；天五，地六；天七，地八；天九，地十之义，故依数推之，则甲一，乙二；丙三，丁四；戊五，己六；庚七，辛八；壬九，癸十也。如洛书以五居中，一得五为六，故甲与己合。二得五为七，故乙与庚合。三得五为八，故丙与辛合。四得五为九，故丁与壬合。五得五为十，故戊与癸合。合则化，化亦必得五土而后成，故甲己起甲子，至五位逢戊辰而化土。

乙庚起丙子，至五位逢庚辰而化金。丙辛起戊子，至五位逢壬辰而化水。丁壬起庚子，至五位逢甲辰而化木。戊癸起壬子，至五位逢丙辰而化火。此相合相化之原也。

天干化合五局

化土：俱要坤砂高，得天财土更妙。甲龙，见坤丑未水。坤丑未龙，见甲水。

化金：俱要庚酉砂高，得太阳金更妙。乙龙，见庚水。庚龙，见乙水。

化水：俱要壬子砂高，得文曲水更妙。丙龙，见辛水。辛龙。见丙水。

化木：俱要甲卯砂高，得贪狼木更妙。丁龙：见壬水。壬龙，见丁水。

化火：俱要丙午砂高，得廉贞火更妙。艮辰戌龙，见癸水。癸龙，见艮辰戌水。

陈子奇说：凡干支化合，如化土则喜土位，见土砂。化火则喜火方见火峰。所谓用斯神喜见斯神，也。《罗经秘窍》言，火局喜水从午来，水局喜水从子来，则水路中自生破害驳杂之病，作祟匪轻已。然有水会化合，面化之方无高砂者则为小乘，非发大富大贵者也。

原地支六合之义

《性理》说：天行最速一日绕地一周，仍过一度，日每日不及天一度，故月三十日而与耳会，日三百六十日而与天会也。

日月合朔之图

张九仪说：此日月：会朔也，昔闻之，又承先师说：此即六合之旨也，时术不知天地气化之枢，故卜地无确见，而徒窃取成言，

以滋议论，及叩以当然之理，茫昧不知，诚可叹也！即兹六合、五行，人知以之选日，以之阅子平，而不知峦头之合乎！六合者，为得天地节序之气，而赖公日月不起太阳高，太阴得水富还豪。《催官》之诗，久已示人矣。是故寅龙入首，正月也，时太阳在子，历三十日与月合朔于亥。太阳在子则见享峰为太阳高，合于亥则见亥水为太阴得水。巳亥龙入首，十月也，时太阳在卯，历三十日与月合朔于：寅，太阳在卯则见卯峰为太阳高，合于寅则见寅水为太阴得水。巳寅与亥合之局如此。

至于二月建卯，时太阳在亥，历三十日与月合于戌，太阳在亥则见亥峰为太阳高，月合在戌则见戌水为太阴得水已。九月建戌，时太阳在辰，历三十日与月合于卯，太阳在辰则见辰峰为太阳高，月合在卯则见卯水为太阴。得水已，此卯与戌合也。

三月建辰，时太阳在戌，历三十日与月合于酉，太阳在戌则见戌峰为太阳商，月合在酉则见酉水为太阴得水已。

八月建酉，时太阳在巳，历三十日与月合于辰，太阳在巳则见巳峰为太阳高，月合在辰则见辰水为太阳得水已，此辰与酉合也。

四月建巳，时太阳在酉，历三十日与月合于申，太阳在酉则见酉峰为太阳高，月合在申则见申水为太阴得水已。

七月建申，时太阳在午，历三十日与月合于巳，太阳在午则见午峰太为阳高，月合在巳则见巳水为太阴得水已，此巳与申合也。

五月建午，太阳在申，历三十日与月合于未，太阳在申则见申峰为太阳高，月合在未则见未水为太阴得水已。

六月建未，太阳即在未，历三十日与月合于午，太阳在未则见本山高为太阳高，月合在午则见午水为太阴得水已，此午与未合也。

十月建子，时太阳在寅，历三十日与月合于丑，太阳在寅则见寅峰为太阳高，月合在丑则见丑水为太阴得水已。

十二月建丑，时太阳艮即在丑，历三十日与月合于子，太阳在丑则见本山高为太阳高，月合在子则见子水为太阴得水已。此子与丑合也。

子丑在下，故子为土，丑为计。午未在上，故午为日，未为月。两旁以春秋冬，依序上进，故东边寅为木，卯为火，辰为金，巳为水；西边亥为气，戌为罗，酉为金，申为孛，从星盘而定者也。此应合应化之原也。夫地支六合之妙本于地气从下左旋太阳，太阴从上右转，一旋一转而相合成也。其义之深，不待言已。然六合中独辰戌之太阳、太阴互相对照，丑未之太阳俱在本山，太阴即在对望，觉又较他龙为更美也，故地遇此格者，断不可妄扦，有泄天机云。

地支化合六局

土局

子龙，见丑水（子龙见丑水，即立阴向以消之，若得丙向更吉）。

丑龙，见子水（丑龙见子水，即立阳向以消之，若得坤向尤妙）。

木局

寅龙，见亥水（寅龙见亥水，即立阴向以消之，若得庚向尤妙）。

亥龙，见寅水（亥龙见寅水，即立阳向以消之，得辰向更佳，俱喜见东方木砂）。

火局

卯龙，见戌水（卯龙见戌水，即立阳向以消之，若乾若坤更佳）。

戌龙，见卯水（戌龙见卯水，即立阴向以消之，若艮若巽龙妙，俱喜见南方火砂）。

金局

酉龙，见辰水（酉龙见辰水，即立阳向以消之，若乙若坎更佳）。

辰龙，见酉水（辰龙见酉水，即立阴向以消之，若庚若亥尽美，俱喜见西方金砂）。

水局

申龙，见巳水（申龙见巳水，即立阴向以消之，若丙若卯艮最美。巽向大忌，见屠戮）。

巳龙，见申水（巳龙见申水，即立阳向以消之，若坤为第一，戌亦妙，俱喜见北方水砂）。

阴阳合璧局

未龙，见午水（未龙见午水，即立阳向以消之，只乾甲不喜，喜卯方见太阳砂）。

午龙，见未水（午龙见未水，即立阴向以消之，喜西方见太阳砂）。

陈子奇说：局中龙水相合，除不能逆收外，若峦头形势可以逆朝，则如卯龙戌水来，即坐辰朝戌而见丁方火宿；戌龙卯水来，即坐酉朝卯而见丙午方大宿。辰龙酉水来，即坐卯朝酉而见庚酉方金宿；酉龙辰水来，即坐戌朝辰而见辛方金宿。申龙巳水来，即坐亥朝巳而见丑亥方水宿；巳龙申水来，即坐寅朝申而见丑亥方水宿。亥龙寅水来，即坐申朝寅而见寅辰方木宿；寅龙亥水来，即坐巳朝亥而见寅亥方木宿。

《六神篇》云：独虎、天门、戴木、台阁、风清，即此局也。由此推之，火局水来即起火宿，金局水来即起金宿，亦妙！然又不能巧合，但有美砂亦发，不然，无砂有水，惟富而已。至于每龙入首，有太阳之砂为催官荐福，而每月太阴、太阳对望之水与合璧水同美。如寅龙，太阳在子，太阳对望在午，依次推之，可见辰龙太阳在戌，太阴对望，即在本山。戌龙太阳在辰，太阴对望，即在本山。丑龙太阳在本山，太阳对望在未，未龙太阳在本山，太阴对望在丑，惟此四山两相互换，美中之美，故详述之于左。

【白话点拨】

夫合者，乃和谐之义；如阳见阳，二阳相竟则为克；阴见阴，二阴不足则为克。唯阳见阴、阴见阳为合，亦如男女相合而成夫妻之道。以年干为己，余柱见合称为本合、内合；若以日干见合，称为外合。若二阳合一阴，谓争合；若二阴合一阳，称为妒合，皆为破格。凡合而不化者，只作合局看；凡合而化局者，以其合化之五行来看。

夫化者，只取日干而言配合之干，须要日干得旺气于时柱，若同得旺气于月上，更佳。若仅得月上旺气而时柱上不乘旺气则为无用。

太阳、太阴砂水十二大局

寅龙

太阳在子，太阴对望在午，喜见子砂、午水。

卯龙

太阳在亥，太阴对望在巳，喜见亥砂、巳水。本山无水，但得太阳砂便是。

辰龙

太阳在戌，太阴对望在戌，喜见戌砂、辰水。

巳龙

太阳在酉，太阴对望在巳，喜见酉砂、卯水。

午龙

太阳在申，太阴对望在寅，喜见申砂、寅水。

未龙

太阴在未，太阴对望在丑，喜见未砂、丑水。未砂即在本山高起便是。

申龙

太阳在午，太阴对望在子，喜见午砂、子水。

酉龙

太阳在巳，太阴对望在亥，喜见巳砂、亥水。

戌龙

太阳在辰，太阳对望在戌，喜见辰砂、戌水。本山无水，但得太阴砂便是。

亥龙

太阳在卯，太阳对望在酉，喜见卯砂、酉水。

子龙

太阳在寅，太阴对照在申，喜见寅砂、申水。

丑龙

太阳在丑，太阴对望在未，喜见丑砂、未水。丑砂即在本山高起便是。

张九仪说：日为火之精，最喜砂起；月为水之精，最喜水朝。然辰龙戌水朝，戌水辰龙朝，较砂更速。

【白话点拨】

太阳为日，太阴为月，各有所喜。日是火之精，最喜欢砂耸起，月是水之精，最喜欢水流奔涌。辰龙有戌水来朝迎。戌龙有辰水前来朝迎，这比砂能更快地发财。

原刑、冲、破、害之例

子刑卯，卯刑子。

丑刑戌，戌刑未，未刑丑。

寅刑巳，巳刑申，申刑寅。

此三刑也。

子午一冲，丑未一冲，寅申一冲，卯酉一冲，辰戌一冲，巳亥一冲。

此六冲也。

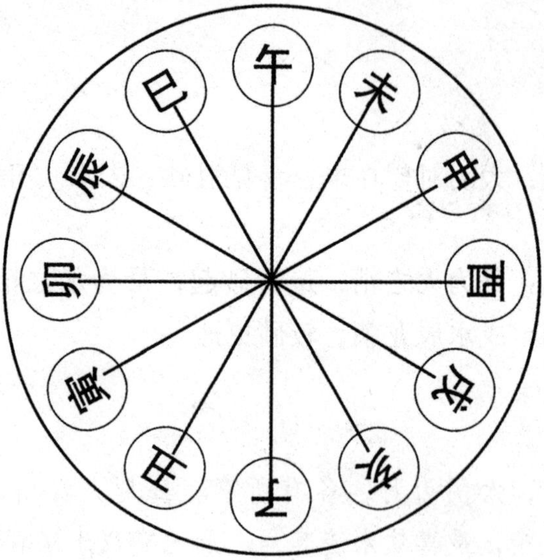

子未一穿，丑午一穿，寅巳一穿，卯辰一穿，申亥一穿，酉戌一穿。

此六害也。

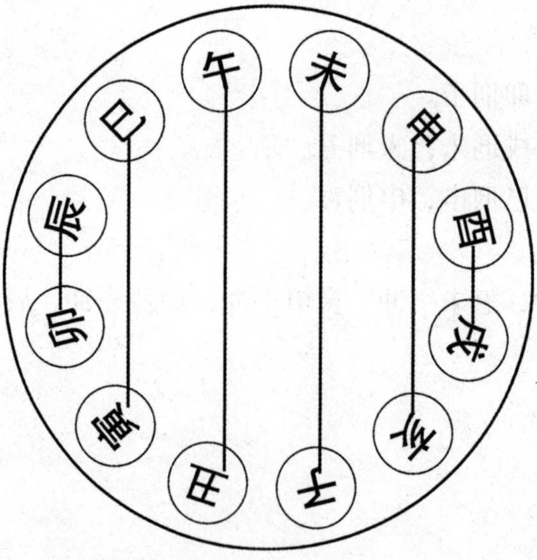

子破卯，卯破午，午破酉，酉破子。

此四破也。

张九仪说：刑、破、害三局，有龙与水相刑、相破、相害者，如卯龙与子水形破)、辰水（害）、午水（破），是也。有向与水相刑、相破、相害者，如午向与卯水、酉水（破）、丑水（害），是也。有水与水自相刑、相破、相害者，不拘阴向、阳向，如申水来矣，而寅水（冲刑）、亥水（害）、巳水（刑），或大或小，或来或去，或凝聚是也。阴向遇阴水之刑冲破害者轻，遇阳水之刑冲破害者重。阳向遇阳水之刑冲破害者轻，遇阴水之刑冲破害者重。遇破害之局，主人财消乏与冷退，遇刑冲之局更犯刑戮徒配。然冲者，龙向俱无，惟水局如上法推之，午向而酉来卯去，亥向而寅来申去之类，俱不为吉。

【白话点拨】

张九仪说：刑、破、害这三局，有龙也有水，其中相破、相刑、相害的，比如像卯龙遇子水（刑）、卯龙遇晨水（害）、卯龙遇午水（破）就是这样。也有向和水，其中相刑、相破、相害的，比如午向遇卯水（刑）、遇酉水（破）、遇丑水（害）就是这样。还有水和水逢相刑、相破、相害的，并不限于阴向、阳向，像甲水来而和寅水相冲相弄，争亥水相害，和巳水相刑，或大或小，或来或去或凝或聚，就是这样。阴向遇到刑、冲、破、害的阴水，灾祸就较轻，如果遇到刑、冲、破、害的阳水，灾祸就会加重。阳向遇到刑、冲、破、害的阳水，灾祸就会较轻，遇到刑、冲、破、害的阴水，灾祸就会加重。如果遇到破、害之局，主人就会财物消灭、衰败，但如果遇到冲局、刑局，就会遭到杀戮或因罪被发配到外地。然而，在冲局中，龙向都没有。只有水局，按上述方法推断，午向就是酉来卯去。亥向就是寅来申去，这一类都容易推断，都不再啰嗦登载了。

三刑凶水三局

无恩刑　坐向寅，见巳水。坐向巳，见申水、寅水。坐向甲，见巳水。

恃势刑　坐向未，见戌水。坐向戌，见丑水、未水。坐向丑，见戌水。

无礼刑　坐向子，见卯水。坐向子，见卯水。

陈子奇说：三刑水法，向水相刑，固为祸烈，即水与向无涉，而水路有自相刑者，亦不吉。如子水悠扬朝拜，或立癸向、壬向，三房聚发固吉已，忽卯上有小涧水，或田畔水，或山脚小陇水，从腰中插入，或有水路从此流出，则长房必消耗而绝，不可不察。惟立穴时挨左挨右，将卯水挨到甲上，或到乙上，则长房与三房齐发已，余俱仿此。

【白话点拨】

这段话主要讲了三刑水法，向水之间相刑，本来就伏着巨大的灾祸。即使水和向之间没有关系，水路之中自会有相刑的，这也不吉利。比如子水悠扬前来朝拜，或是立在癸位，面向壬位，三房聚发，本来就很吉利。忽然在卯位上有一条小涧水，或是田涧水，或是出脚水，陇水，从半腰中插入；或者有水路从这里流出，这种地势，长房必定会子孙断绝，没有后嗣，不可以不明察啊。

六害凶水十二局

坐向亥，见甲水。若向壬、向戌，合水火不相射水。

坐向申，见亥水。若向庚、向水，合纳甲本卦水。

坐向巳，见寅水。若向辰，合水火不相射水；若向乙，合辅星卦贪狼水。

坐向寅，见巳水。若向庚，合山泽通气水。

坐向酉，见戌水。即向戌，合辅星卦辅弼水。若向串，合水火不相射水。

若向壬，合纳甲水。

坐向戌，见酉水。即向酉，合辅星卦辅弼水。若向庚、向亥，皆为合十。

若向辛，即绝戌巳。

坐向辰，见卯水。即向卯，合辅星卦辅弼水。若向巽，合雷风相薄水。

若向艮，合三来会入生数水。

坐向卯，见辰水。即向辰合辅星卦辅弼水。若向乙，合先后天相见水。

若向甲，合辅星卦贪狼水。

坐向午，见丑水。丑午子未，犯之者少。若向丙，合山泽通气水。若向巳，合纳甲本卦火。然向巳入少才少巳。

坐向丑，见午水。若向寅，合纳甲本卦水。

坐向子，见未水。若向亥，合纳甲本卦水。

坐向未，见子水。若向坤，合先后相见水。向申，合纳甲本卦水。

陈子奇说：已上六害水，若水神明大，或田原仓坂，或溪涧塘池，皆可改向，反凶为吉者也。所虑者，如申水朝拜悠扬而来，即迎水立向，三房发福已而小小沟渎田角从亥上流动，则长房必至暗消少丁，此处不得不用工力，培以遮之。若立穴时，挨亥在乾，或在壬则全美矣余皆以此类推之。至于亥水从申去，子水从未去，午水从丑去，巳水从寅去，辰与卯并来，戌与酉齐至皆不可下穴。

【白话点拨】

以上这六种害水，这些都很凶险，不可以下穴。

四破凶水四局

坐向酉，见子水、午水。

坐向子，见卯水、酉水。

坐向卯，见午水、子水。

坐向午。见酉水、卯水。

陈子奇说：子午卯酉喜砂相应，不喜水相破，夫向、水相破固可改向以化之，转祸为福，拨凶作吉，然又见一种地有午水来，竟从酉上去，有卯水来竟从午上去，有酉水来竟从子上去，有子水来竟从卯上去，若下如此之地，财消人亡，一败而不可救，慎之！慎之！

【白话点拨】

子、午、酉、卯天元龙，喜欢砂相应，不喜欢水相破。因为向水相破，固然可以改向来化解它，将穴祸转化成福，将凶险转变成吉利。

原中星之义

张九仪说：考中星之说，昉于《尧典》，以四七宿测天体之旋转，所以治历明时，为万世不易之法。然《尧典》考春之中星，则说；平秩东作，日中星乌。盖春分日星宿，实居正南，是春季中星，井、鬼、柳、星、张、翼、轸也，而今正月初旬，惟胃在南，则春季属胃、昴、毕、觜、参、井、鬼为中星矣。考夏蓬蓬勃勃中星，则说：平秩南讹，日永星火，盖夏至日心宿，实居正南，是夏季中星，角、亢、氐、房、心、尾、箕也，而今四月初旬，惟柳在南，则夏季属柳、星张、翼、轸、角、亢为中星矣。其说：平秩西成，宵中星虚，是斗、牛、女、虚、危室、壁为秋季中星，而今七月初旬，氐在南方，则秋之中星乃氐、房、心、尾、箕、斗、牛矣。

其曰：平在朔方，日短星昴，是奎、娄、胃、昴、毕、觜、参为冬季中星，而今十月初旬女在南方，则冬之中星，乃女、虚、危、室、壁、奎、娄矣。其不同，何也？天体舒而疾，渐差而西，日月五星缩而迟渐差而东，由岁差之法考之，数千年后，宜乎不相及尧时，冬至日躔虚，今时冬至日躔箕，此乃易见者也。师说：每星值端门者，为祸福最重，恩星在帝座，有荐拔之美。难星在帝座，有阻厄之险，而其法先辨月令，将二十四龙挨定某龙、某月、某旬司命方以某月、某旬，该星值端门，而某星在二十四字内居何字，则欲此字山高水朝。如艮龙入首，左旋十二月，望后司命，娄金狗值端门，戌字宜山高水朝，左旋，正月上旬司命，胃土雉值端门，辛字宜山高水朝，但胃土艮斗得之为财已，娄金艮斗得之为煞，主发贵显宦而不合，终必欲化杀生权，得其全美，当以坐向消之。如艮龙戌峰，起，立审事向，用为食神则纯美矣，秘之！秘之！

中星之图

中星之名，又承师口授，依节气编定随阅。《人子须知》已着集中，中毫无舛错，然此书出在明季，虑目今中星又当渐差，随核游子，六《通书》四孟月，俱从土宿起，与《须知》集相合，而旧地中合此格获甲第者，分毫不差则，此图尚有数百年可用，后当移差矣。

此系昏中也，夜半旦中可挨度转盘阅度之。如昏中胃，则夜半是柳旦中是氐之类，然细阅中星之由，实从太阳躔度而转，何以见之？如大寒十日后立春，五日前艮土司令，太阳日在女，而中星、昏中者在胃，夜半者在柳中者在氐，则日午之中，岂非女乎？又如建巳之月，立夏数日后，太阳入昴而昏中在星，夜半在房，旦中在虚，而日午之中挨来又适在昴，是知中星由太阳转也。月太阳之贡福不益见哉！

敝郡东山，当地土名碧溪坞，戴宅祖坟，辰巽入首：穴乘巽气，北高峰一塔位立鬼金度上，所以说：文先生讳东旻者，己未发甲巡抚，即阳殊木鬼克巽角终是难星，被奸党中害。后怀宗阅所上，办剿献贼一本速释先生，事已无及由此观之，中星峰起，定发大贵；中星为难，毕竟被厄，此明验也。

原火星之义

张九仪说：我曾经向先师请教《催官篇》中说的火星宜起应天宿，何以见之？先师说：书中说仲春之月，火星在卯子位。依次详细推断，其它的也就都可以知道了。我于是随即依从《尧典，平秩东作，日中星乌，这句话来类推，推出在仲春月份，大火和心星居于鸯的卯位于是我更加信赖先师的学问，真是精妙而又深远啊。从这里来看火星的分位，如果依照中星来推断，就如同寅龙入首，在正月中旬值守司讼当旬内昏时，毕宿正在端门，那么大火和心星，就挨在危宿；甲龙入首，在正月下旬值守司令。当旬内昏时，毕宿正在端门，那么大和心星，就挨在虚宿所以寅龙见酉砂离耸为帝座，有星见壬砂高耸为火星，应天宿；甲龙见庚砂高耸为帝座，有星见子砂离耸为火星，应天宿。《催官篇》中说：火星不生起，官位不显贵，也不掌重权，是很闲散的。又说：火星不耸起，只有日月明，也主其家生贵人。又说：火星宜耸起，和天宿相应，仍会看到阴阳造化的道理。书中对水星这一种砂，屡次谈到，的确是因为造化的气机是由火而生成的。凡是地得火星而生起的，诚非小可已小可啊。

中星、火星二砂定例

正月

上旬：艮龙司令，昏中胃辛，火星室壬。
中旬：寅龙司令，昏中昴酉，火星危壬。
下旬：甲龙司令，昏中毕庚，火星虚子。

二月

朔后：卯龙司令，昏中觜庚，火星女癸。
望后：乙龙司令，昏中参申，火星中丑。

三月

朔后：辰龙司令，昏中井坤，火星斗艮。
望后：巽龙司令，昏中鬼未，火星箕寅。

四月

上旬：巽龙司令，昏中橙子，火星尾甲。
中旬：巳龙司令，昏中星午，火星心甲。
下旬：丙龙司令，昏中张丙，火星房卯。

五月

朔后：午龙司令，昏中翼丙，火星氐乙。
望后：丁龙司令，昏中轸巳，火星亢辰。

六月

朔后：未龙司令，昏中角巽，火星角巽。
望后：坤龙司令，昏中亢辰，火星轸巳。

七月

上旬：坤龙司令，昏中氐乙，火星翼丙。
中旬：申龙司令，昏中房卯，火星张丙。
下旬：庚龙司令，昏中心甲，火星星午。

八月

朔后：酉龙司令，昏中尾申，火星柳子。
望后：辛龙司令，昏中箕寅，火星鬼未。

九月

朔后：戌龙司令，昏中斗艮，火星井坤。
望后：乾龙司令，昏中牛丑，火星参申。

十月

上旬：乾龙司令，昏中女癸，火星觜庚。
中旬：亥龙司令，昏中虚子，火星毕庚。
下旬：壬龙司令，昏中危壬，火星昴酉。

十一月

朔后：子龙司令，昏中室壬，火星胃辛。
望后：癸龙司令，昏中壁亥，火星娄戌。

十二月

朔后：丑龙司令，昏中奎乾，火星奎乾。
望后：艮龙司令，昏中娄戌，火星壁亥。

原辅弼卦水法之义

陈子奇说：以太阳躔度合昏夜旦之中星，则夜半旦中，二星似亦不可略，何以先圣独重昏中而放勋淳淳于羲和氏也？张九仪说：子亦知昏中星所由贵乎！天地之气化，由斗柄转移，故斗柄指寅，天下皆春；斗柄指巳，天下皆夏；斗柄指申，天下皆秋；斗柄指亥，天下皆冬。四时十二建，全凭斗柄，故《果老五星》亦以人命得斗柄而贵也。

至于觇斗柄所指之辰，总在昏中时见之，此昏中星之所以贵，而杨公竟以斗柄阅峦头也，斗中七星，贪狼居一，巨门居二，禄存居三，文曲居四，廉贞居五，武曲居六，破军居七。其武曲之旁又有左辅、右弼二星，共成九星：昔贤阅峦头以此定，水法亦以此，然峦头九星有九九八十一变，水法则以辅弼为一星，合贪、巨、禄、文、廉、武、破而为八，以配八卦之水，共有八八六十四变，故天地、父母二卦，外又有壶中、福德、五鬼等卦。盖每一卦皆有八变也，而诸卦内合先天卦位，与河图相符合者，莫如辅星一卦，其中有四吉、四凶辅、武、贪、巨，四吉也；破、廉、禄、文，四凶也。得吉水则发福，得凶水则为以赖公传集仍山之水法断之，其应如响，云得四吉，即辰戌丑未四库水，为福愈大；得四凶，即巽亥卯辛六秀水，为祸非轻。

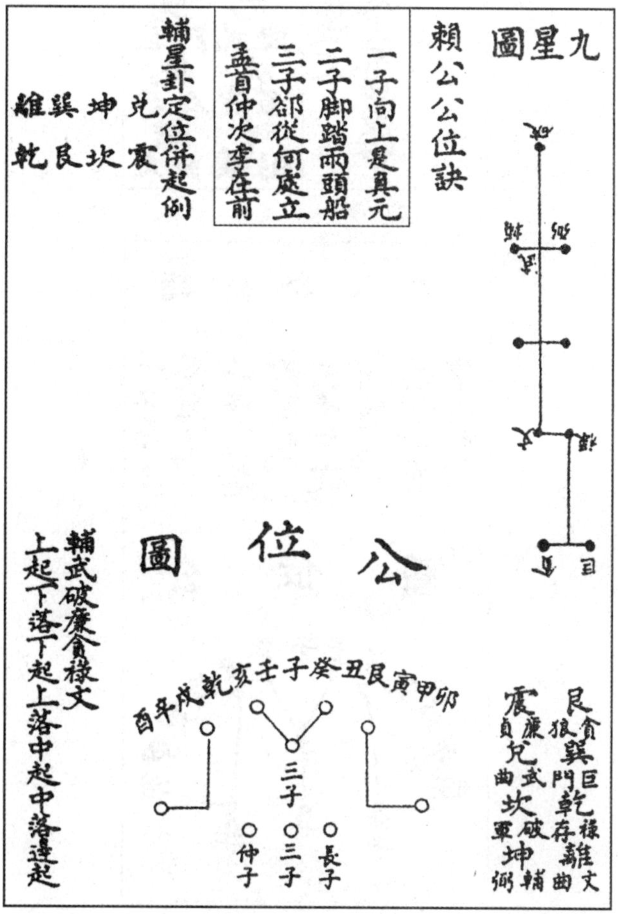

九星圖

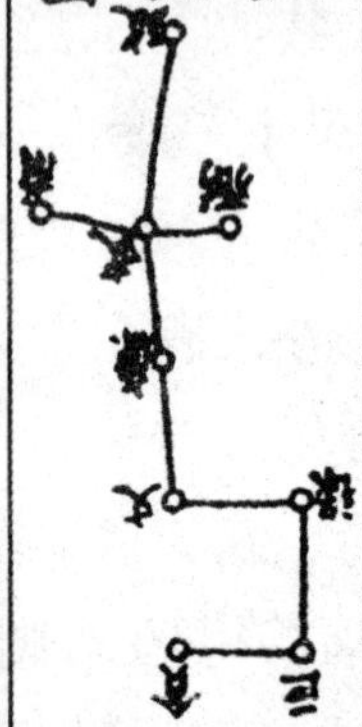

艮貪狼　巽巨門　乾祿存　離文曲
震廉貞　兌武曲　坎破軍　坤輔弼

南星卦定位并起例
兌震　坤坎　巽艮　離乾

輔武破廉貪巨祿文。
上起下落。下起上落。中起中落。邊起邊落。

賴公公位訣

一子何上是真元。二子腳踏兩頭飛。三子卻從何處立。孟白仲青季在前。

公位圖

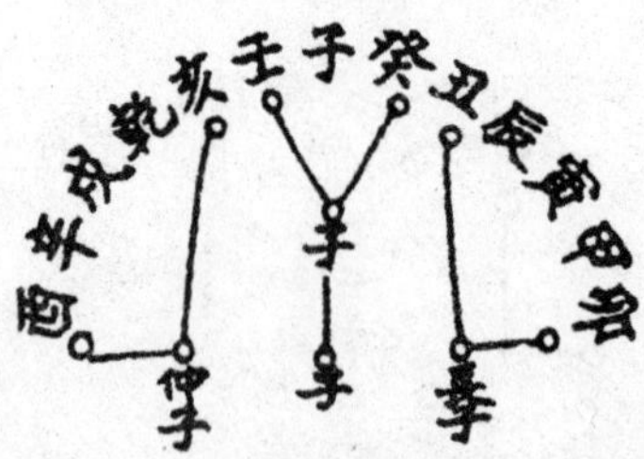

兑向	震向	坤向	坎向	巽向	艮向	離向	乾向	
丑同 丁巳	未同 庚亥	乙同	辰同 癸申	辛同	丙同	戌同 壬寅	甲同	
兑	震	坤	坎	巽	艮	離	乾	輔
震	兑	坎	坤	艮	巽	乾	離	武
坤	坎	兑	震	離	乾	巽	艮	破
坎	坤	震	兑	乾	離	艮	巽	廉
巽	艮	離	乾	兑	震	坤	坎	貪
艮	巽	乾	離	震	兑	坎	坤	巨
離	乾	巽	艮	坤	坎	兑	震	祿
乾	離	艮	巽	坎	坤	震	兑	文

横看

辅弼卦吉凶

张九仪说：九星定序，贪、巨、禄、文、廉、武、破、辅、弼，定位从艮起，故罗经艮注贪狼，巽注巨门，离注文曲，震注廉贞，兑注武曲，坎注破军坤注辅弼。以之审龙格之转换，辨砂体之方位，确不可易。此水法从辅起其序则辅、武、破、廉、贪、巨、禄、文，而位则二十四向，各从向起辅，依序定位故每一水路皆有辅、武、破、廉、贪、巨、禄、文，名说：值吉则吉，值凶则凶。转移之巧，不胜言已。

辅星在八卦为本宫，在五行为二木，在天机为太阳。生人慈祥孝友，世代禄荣，为官贵，男为驸马，女作宫妃命妇。

弼星为天地父母之卦，在五行为火，在天机为太阴。生人明经孝弟。

武曲星在诸卦为福位，在五行为一金，在天机为金木。在人为清贵富寿及第登科，主富贵兼全。

破军星在诸卦为绝命，在五行为二金，在天机为天罡。在人为凶暴投军，劫掠好讼哑聋亏体，主少亡绝。

廉贞星在诸卦为五鬼，在五行为独火，在天机为燥火。在人为狂戾执拗欺诳无礼，义悖逆劫，掠虎咬（值寅准），雷伤（值卯未准），失火（值离准），退财瘟（值辰戌丑未准）。主吐血，五鬼发财，若廉贞、巨门并流而入，主本房发，带巨主富，带武主贵。若单廉贞，则本房绝，得巨门、武曲者应。惟五鬼送财而发，若廉、文并入，则野狐损人。

贪狼星在诸卦为生气，在五行为一木，在天机为紫气。生人聪明孝友，因公进田，财帛旺盛，主发丁口。

巨门星在诸卦为天医，在五行为一土，在天机为天财。生人忠厚长寿出神童，君子进官，小人进财，衣食丰足，仓库满盈，主发财富。

禄存星在诸卦为绝体，在五行为二土，在天机为孤曜。在人为僧道，为心性顽钝，行事狂妄。离祖过房，绝嗣退败，男鳏女寡，淫乱产死缢亡，主形体亏残之人。

文曲星在诸卦为游魂，在五行为一水，在天机为扫荡。生人淫乱虚诈多技好赌博，贪酒色，为痨瘵颠狂，患眼跌足，瘰疬疮疥，中风水厄，失火离乡，退财欠债，主游荡好淫。

集仍山水法

坤宫

坤水合局主管富贵或者寡母发家，乙、癸、乾、离龙，如果见到坤水前来朝迎，又有像旗帜模样的山脉，主男的会做将军，女的也会为将。如果有一峰端庄方正如圭的模样，就主在三甲之中及第登科；如果不端正，就只能出巡检之类的小官；如果乱峰低小，主出郡衙从官之类的小职。破局会出寡母，如果水持朝流人，家中妇女会相继成为孤孀，如果卯龙与之上见，主妇人难以为妻。如果有掀裙抱花之山，主寡母放荡淫乱。如果有钵盂山，主家中出尼姑。

乙水合局，主名声和财富都会显达，只是生的大多是女儿。坤龙见到乙水。可以催生官员，壬龙也很尊贵。破局，主生人手脚有很多疾病，后代多女少男，需要招赘女婿、义子。

兑宫

兑水合局，主生人文雅，多秀气的人。丁龙如果见这种山朝，水迎，就会出文贵人；艮龙也是这样。如果这个方位山朝水拱而且巽峰耸立挺拔秀丽，就主出近在君王身边的贵人。兑水破局地主淫乱，巽龙见兑水朝迎，或见大路。就主人犯罪被判刑。子、午、辰、戌龙见到兑水来去，就主室女偷情。卯、巽见到这方山脉，主做官在战场上死亡。丁水合局是南极星，主家中男女都长寿，家中没有灾祸。酉龙见了北方砂水透迎，就能坐在金门之中发施令它和巽，丙同为三阳。大体上，只要是阴龙遇到兑水，都能发贵秀。艮龙见到北方峰峦高高耸起，水又特地朝迎的，就主做王侯，但也可能是破局，主其人因腹疼死亡。

巳水合局，主人丁和财富都大旺。卯龙见到此水前来，主家业巨富。艮龙、亥龙觅此方有圆卵形山峰，而又有水环绕的，主腰中悬挂金印的大官。

破局却主人吐血，生痨病、少年时便夭折。酉龙见巳水朝迎，风水相射，就主杀身之祸、或者丧家，犯罪入狱，或被蛇咬死。丑龙遇上巳水，亦有被杀戮的灾祸。巳和亥也是长生地，阴龙遇到这个方位有砂闭塞的，主家中女人不会生育（因为巳是地户，不应该闭塞）。阴龙遇到这个方位有圆墩山形的，必定主女人堕胎。

丑水合局主产业大，多财帛，但只是可能会生出信佛、信道的人。丑水破局，主家中出和尚、道士、夭折之人。辰龙、戌龙见破局，主翻棺覆椁，人多生癞病，或者人横逆恶死，或因公事被杀戮。这种方位有鱼袋砂，路死、扛尸等，乾龙、坤龙见这种方位有尖刀砂耸起的，主家中出屠户或刽子手。

坎宫

坎癸水合局，主家中发财致富，生双胞胎。午龙遇到这个方位砂秀丽、水朝迎的，就能出生达官贵人。坤、午、巽、酉龙遇到坎巽水，定然要生双胞胎。坤龙大多是生两个双胞胎男孩，到后来家业就会致富。巽、酉龙多生双胞胎女孩，到后来家业就会衰落败退。坎巽水破局多是桃花，主家中多淫乱。如果其方位有圆场，就主人堕胎。如果水流旺盛，就主落水淹死、自缢身死，或身体黄肿。震、艮、亥龙见到丑水、癸水混流流人坟场，或者两水交结凝聚的，就主兄弟遭受屠戮，少年身死，或有女人用毒药杀人的灾祸，或随母亲改嫁，忘记祖宗，而且会肚腹发胀病。申水合局，主家中人丁和财富都很旺盛，在少年时候就会名声显赫。如果是破局，主家人犯虚痨病，少年伤损。卯龙见申水破局，主家人犯人命案，会被判刑处决，或者人逃窜外地人口灭绝。

辰水合局多陈粮。破局就主人落水淹死，后代子孙也会败绝。酉龙见辰水，主生人音哑或者缺唇露齿。丑龙、未龙见到辰水，就主家中人有痼疾，孤苦伶仃的。这样凶险的原因是因为这种方位有龀袋砂、路死、扛尸。

震宫

震水合局，是当文廉武就尊贵，主出人有胆略、才能，人人都会畏服他庚龙见震水，就主聚财富。如果有山峰耸起，主出英雄将相，掌握生杀的大权。破局是沐浴，主家人淫乱，又多偷盗之人。坤龙见之水来去和蓄聚，就主遭受戮、屠刑、并且倾家荡产，或者被盗贼牵连相害。

庚水合局，不管是来是去都会致富，多武贵，主出入胸怀广阔，又有胆略。卯龙遇到这种庚水，就会催生大官，如果庚砂高耸如同兜鉴、旗帜之类，就主出掌握兵权的官员，如果再有四神人将拱立峙卫，就主出大将，名声震动华夷。艮、亥龙见此方位山峰秀起，就像判笔的形状、就主做官之人因为片言只语而被投入牢狱。巽龙如果见到这种山峰挺然高耸。就主文官清正。破局主家中出盗贼。如壬龙作子山午向，见到此方位尖峰耸起，主出强盗魁首。如果庚串两水混流、冲射，主被人杀戮。如果丙丁方位砂砂水高招，就主聚拢、强占别人的财富，而使自己富贵大发。

亥水合局，不管水来水去都会大旺，人丁和财禄都兴旺，家人都长久积善。卯、巽龙见到亥水，就主家人巨富。如果是破局，就主少年伤损，有虚痨吐血病症。午龙见到破局，就主家业败绝，人丁死亡殆尽，家破财散。但如果是横宫就无妨。

未水合局，主血财兴旺，库守田庄，但只是生人谨慎保守，又信邪教。卯龙见到未水前来，主人受雷击而富；但如果水去，就主家中多出鳏夫、寡妇，少年夭折，忤逆不孝、不忠之人。如果有尸山，就主路死。

艮宫

艮水合局，如果有库柜山，或是水朝拜时凝聚，主家业大富，可与国相比，秀才必然补禀中举，做官也会发财。如果丙龙见到这种方位水朝拜，山秀拔，就主家人发黄甲；如果是小峰山水，也主堆金积玉，粟米满库。而如果有三台并有特朝水前来，主和国家有亲戚关系，食皇家天禄。破局就冷却退绝，这种方位隐缺，没有峰峦，主虽然会写文章，但却不怎么显达著名。

丙水合局，主家人长寿，主人家中没有凶祸，犯罪的人遇到此方砂水，就会得救，得到赦免解脱。艮龙得到这方砂水，就主催升官员，如果此方位有印笏砂或特朝水，就主出可做公卿的贵人；

如果有柜库砂，水也来朝，就主家业富敌国，辛、亥、酉龙就可以为之应验。破局败落，主家中有火灾，但废而不起，如果同午水相混流，那么，寅午戊年就会常发生火灾。

巽宫

巽水合局，辛、亥、龙见到此水前朝、山峰耸起，就主少年登科中举，文章驰名天下。如果是双峰，兄弟联手进入翰林，即使是较小的科举考试也会拔得头筹。巽、庚、卯龙遇巽水，就主出经略之士。巽方是长安，如果此方水来朝迎，就可能因为女儿发大财致富，因为妻子而取得大贵。如果有蛾眉山，就有更多女贵人，或者女儿成为宫妃，男的成为附马，或是家中有很多美貌、贞洁的女人。如果这条水流由丙丁方位前来朝迎，由艮、卯两个方位出口，就主满门忠义，家人长寿。只有艮龙遇到这种情况，虽然家族尊贵，而不会长寿。破局多主家业破败，有很多乞丐。此方水来秀迎，主家人中亚榜，又精通明经。破局冷退，主出乞丐，家道会败绝无救。

乾宫

乾水合局，主家业不但富足，而且尊贵。坤龙、申龙遇见此方山峰耸入云汉、水来朝拜，主家中世代出宰辅、居要职。午龙得到干水，就叫马上金防，也会出宰辅之类高官。辰龙遇到乾水特朝，叫龙透天门，主家中巨富。

辰龙遇到干水特朝，叫龙透天门，主家中巨富，而且会达官贵人。破局就主出跛足、聋哑之人，或头痛脚热，多鳏夫寡妇，继嗣入赘，或者克妻，没有后嗣，丙、巽龙见到此水前来，主跛而不能覆，福忠会立刻发生；如果见到此水去就中主跛，还能覆。丙丁、卯、巽龙见到干、亥两水双行，前来朝拜，主家人多有咳嗽、吐红等病症，主人身亡。

甲水合局，主家业富足，也会出贵人。乾龙见到这种水局，水朝山秀，就会少年文章压天下，名声大起，登科中举。破局主有跛足、疯癫等症状。其方位若有山峰，像木笏的形状，主出画工、道士。

离宫

离水合局，主家业豪富，并出显贵人物。壬、子、癸龙见到离水朝拜砂，一山秀丽，再有乾，壬方位泄制，龙虎也环抱拱卫，就主出魁元，公卿之类的贵人。离水不管是来是去，都主家业骤然发达，但是大多为离乡富贵。破局主有火灾发生，有贼人出现。如果其方位有墩，火灾就可免掉，但多主有目盲之人。卯龙艮龙见到此位，外明内暗，这条水流又从千曹上出口，不但妇人淫乱放荡，连女儿也是这样。乾又龙见到此水，主犯人命案被投入牢狱，家业破败。

壬水合局，主家业骤然发达多极能救人贫困，又主血财兴旺。午龙得到壬水朝拜，砂山秀拔，主文武全才，出卿相等显贵人。单条河流也主家道大富，多纳米粟，出生员之类贵人。坤龙遇壬水，也能催生官员，大体上，壬水前来，主在家就富贵；壬水离去主离乡发财。破局主家业骤然败落，生人也性情放荡，游手好闲。河水旺盛，主人身体黄肿；落水离去，主家人逃窜。

寅水合局，这是长生水，人丁和财禄都会大旺。如果乙龙见寅水前来，就主家人背井离乡，但会发大财。这和甲方位是一样的。如果有墩，主家中出巫师，虽然有名声但不会长远，主下棋有名。破局就叫艮八煞，主家人疯癫目盲，为虎所伤。

戌水合局，主家中富足，田地和税粮都很多。辰龙遇到戌水，会骤然巨富。破局就主回碌，生人眼瞎耳聋，而且克妻。卯龙见到戌水。来朝，主生人暗哑（如果立在戌向为金木，才开始算大贵显地）。艮龙见到戌水，主生人目盲耳聋（艮龙戌水就像荒垄，即立坤向那么戌就为贪狼水石，只是没有耳聋的祸患，而且会在丙午年发魁登科。可见立向一定要有理由啊）。丑未龙见到戌水，主生人流汗很多，少年夭亡，或者忤逆不孝、不忠，又有尸山路死。庚酉龙见此方位，又有刀砂，主出屠户或刽子手。

玉弹子地理元枢

海昌　陈子奇　著
富春　张九仪　注

审　龙

一、龙　势

二与四，山之体；三与一，龙之势。三一者，变之机；二四者，成之质。其成也，说夷龙，说平冈。其变也，说升降合辟，说曲直坦脊。坦曲升辟阳之所生，脊直降合阴之所位。阳无阴不生，阴无阳不成，一阳一阴故谓之龙，独阳独阴故谓之山。

择地之方法，取龙为主，而观龙之方法，注重势为先。然势有阴出有阳出之体，一冈一阜属乎阴，所以说：二与四，山之体。二四者，偶数也。龙之势一起一伏属乎阳，所以说：三与一，龙之势。三一者，奇数也。阳能化生，故三一为变之机；阴能诞育，故二四为成之质。观质之所由成，或成山陇，或成平冈，各有自然之坦局。考察山之所变，上升必变下降，收合必变开辟，数曲来必变一直，大坦中必变小脊，亦但为自然之，惟迟然质之成由于变之机，故阳之生即有阴之位。阳主生物，非阴无以成形，不成则不为生，故阳无阴不生。阴主成物，非阳无以资生，不生则不能成，故阴无阳不成，惟有一阳即成一阴，有一阴印变一阳，则阴阳冲和，变化不测，岂非说龙？若有一阳而无阴以成之，有一阴而无阳以变之，则阴阳不变，是谓鳏寡，止名说山。如此群之，由为护砂龙以作穴，讵幻一势。

二、祖宗

太祖说祖，少祖说宗。
耸拔者贵，带诰带轴；
浑厚者富，有仓有库；
孤削者贫，遇鬼遇劫；
斜死者贱，被伤被泄。

欲观龙势，先观龙祖，祖之最高最远处，是太祖也，则谓之祖。太祖之下分枝立脉处，是少祖也，则谓之宗。宗祖星辰或张天水，或献天金，或出阵贪狼，或万笏廉贞，或岩幞如帐，或展诰如屏。望之若耸立振援，带诰带轴者多生贵；望之若浑融丰厚，有仓有库者多生富；望之若孤单壁削，东遇凶西遇劫，其应贫寒；望之若歪斜死谀，萌被泄后被伤，其应卑贱也。古人言，有好祖宗方生得好儿孙，故观龙势当观龙之祖宗。

三、分积

从太祖分者而大分，大分有大积；自小祖分者为小分，小分有小积。分散也，宜敛宜活，敛则气聚，活则气盛。积聚也，宜肥宜顾，肥则气厚，顾则意专。分而无积，犹水之无潴而易涸，积而无分犹木之无枝而必枯。结之大小，胥此预卜；龙之贵贱，胥此

预分。

既观龙之太祖，或分三条，或分四条，某条结郡县，某条结乡村，是为大分。大分之下即有几条所分星辰，谓之少祖。少祖既立，其下又分枝分干。有分干而结大地者，有分枝而结小地者，是为小分。然大小二分处，两旁各有护从，各皆拱峙，故大分有大之护从，拱峙是为大积；小分有小之护从拱峙是为小积。然当其分处，各立门户，各开生面，若分而不敛，积而不活，欲其决其兴盛也难已，故分处要敛要活。至其积阳，或青龙左侍，或白虎右卫，若瘦削而不肥满，欹侧而不注顾，欲其气厚意专也难已，故积处欲肥欲顾然分必有积，则垣城密；积必有分则气脉清。若分而无积，尤水止见分派流去，岂不干涸？积而无分，就像木止存枯干独立？诚悉此义，则地之大小，龙之贵贱，可立于数里之外面预知之已！

【白话点拨】

周景一在《山羊指谜》看龙时，要看龙的分敛割舍。从太祖山而分的是大分，大分就有大聚积；从少祖山而分的是小分，小分则有小聚积。所谓分，就是指散开纵横。宜敛宜活；敛就气聚，活就气盛。宜肥宜顾；肥就气厚，顾就意专。分散而没有积聚，就好像水没有聚积一样，很容易干涸；积聚而没有分散，就好像树木没有枝叶一样多必定会槁枯。结地的大小不同，从这里就可以提前看到，龙的贵贱从此处就可以预断。

四、峡变

断续形势为峡，博换气度为变，恶偏喜正，好护憎孤。孤偏气涣则力轻，护正气萃则力重。或偷踪闪迹，或渡水穿田；穿田观微星之支形，渡水觅生成之石迹。偷踪察势，闪迹详形。形势非真，

踪迹则假；踪迹不明穿渡则晦。

龙从祖宗分支劈派，形势须有断续，而一断一续之体则为峡。气度须有博换，而转博折换之处则力变。峡也，变也，俱恶偏侧欹倾而喜中正端庄，好夹密护周而憎卑寒孤露，若此者，何也？以断续间转换处，若孤露卑寒、偏侧欹倾则气涣弱而力轻，发福小。若夹密护周、中正端庄则气钟萃而力重，发福大。然又有二种峡变之巧者，每每偷踪闪迹而为渡水穿田，故穿田之龙当观微显之支形，渡水之龙当观生成之石迹，但龙之偷踪势必精锐，非水可断，察之即位石迹之生成处。龙之闪迹形如蜿蜒，隐现田中，详之即在支形之微显处，故形势真确则踪迹自然不隐没，踪迹着明，则穿渡方为不晦，匪然则难。

【白话点拨】

两山相夹（交接），脉从间经过，叫做过峡。寻龙的过程，在观察星峰（山的形体）之后，最重要的是过峡这一个阶段。因为父母（胎息）、穴点（孕育）的中间是过峡（结咽束气），好比脐带——婴儿赖以从母体吸收营养的管道，其生命、体质皆由此生。从过峡处可以看穴的结作情形：

（1）来大夫小者，多结近穴；来小去大者，多结远穴。

（2）过峡的情况小巧者，穴星多隐微；峻大者，穴星多显露。

（3）穴的土质与过峡处的土质相同。

龙脉行远，气力散漫，然后收敛缩小过脉，这过脉的地方，堪舆家称为过峡，此处前有迎接之山，后有送山，两边有旗、鼓、仓、库、剑、印山夹护，便是贵龙，主有富贵之应。若是无送无迎，两边又无旗、鼓、仓、库山等贵器拱恃，形势孤单，且受风吹，便为贫贱龙脉，便无富贵之应。龙不过峡则无脱卸，无脱卸则死硬矣！大龙大峡，大开大展，大迎大送，两旁之星，拱夹护照；所忌者；腰松势长而无两翼、护从单薄而不重叠、夹拱空缺而不周致，则渐杀而渐下矣!”这是关于山龙过峡的要点。至于平洋地区，龙脉的过峡大都是穿田而过，呈草蛇、灰线，平坦舒展，不怕风吹。山龙过峡多是峰腰、鹤膝、崩洪、丝线，怕风吹。

五、咽法

咽犹鼓橐，一呼一吸。预定之规，二十有一。正则穴中，斜则穴倚，曲必逆居，闪则傍取，顶为缓长，返因短聚，低绵升高，峻一坠成，石造石抒，土还土止，阴极阳含，阳极阴弄，雄饱辟宣，杀劫喜，四顾截骑，数弯曲凝，小阳大阴，生结死弃，劫弱绝形，荫缊尽矣。

有峡有变，即有束咽。一呼一吸尤鼓橐，然而点穴诸法于此预定。如束咽正则入首处穴亦中正。束咽斜则入首处穴亦斜倚。束咽弯曲则入首回顾面穴逆朝。束咽角闪则入首角弯而穴傍取。束咽缓长则入首必缓长，而穴居于顶。束咽短聚则入首必短聚，而穴居于返。束咽也平循缩则入首平和，穴宜升高。束咽峻急注下则入首直立，穴宜降低。若夫束咽石则入首结穴在土。束咽阴盛处则入首处变阳结穴。束咽阳盛大则入首处变阴结穴。束咽过于雄饱则求荡辟以清其气。束咽见其杀强则喜多劫以分其气。束咽处四山顾恋，可斩开而截之。束咽处脉络数湾穴于曲泡而凝之。束咽狭小而气敛入首，必穴阳处。束咽阔大而气散入首，必穴阴处。总而言之，生气则结，死气则弃。逢结而弱则入首必形衰气绝，不足观已。此卜地观入首若何结穴，即知峡变若何束咽。观峡变束咽之法，即知入首结穴之法也。

六、劫辟

龙势雄猛，不劫不歇。不歇不结，劫则劫其杀也。山体粗顽，

不辟不泄。不泄不清，辟则辟其怒也。不强不弱，劫辟而后穴；至旺至刚，劫辟而后结。犯劫勿辟，犯辟勿劫。劫辟两犯，游龙不结。

束咽处左枝右脉是谓之劫，开帐展翅大是谓之辟，大抵龙势雄猛，杀气涌腾，必左枝右派以劫之，方可在歇而结穴。山体粗顽，怒气强盛，必开帐展以辟之，方能薄泄而气清。若不强不弱则刚柔相济，已经劫辟者也。至旺刚刚阴阳未和，将来劫辟者也。然劫辟不可并犯，若劫辟并犯，非行龙发迹方始之地，即水口盘屈早开之砂，皆为游龙，何以结地？

七、穿落

穿非穿帐，落非中角。形势中尽，妙难言度。而阴落阳，阳落阴。面阳落阴，阴落穿阳。一阴一阳，互为其根。男女构精，万物化生。缊之义，天地自然。

一劫一辟，穿落乃见。穿帐穿心，中落角落，形势之妙，一言难尽。总句：言之，如来龙星辰圆饱面阴，欲渡之时，必开展变阴为落阴也。然不齐则龙气舒畅，势敛前行，必仍收敛起脊，是阳落正所以穿阴也。如来龙星辰平坦，面阳欲渡之时必起脊，变阴为落阴已。然阴落则龙气翕聚，势欲前行，又必飞扬展布，是阴落正所以穿阳也。阴根于阳，阳根于阴，即男女构精之意，乃天地自然之机也。

八、传变

传非五曜，变非九星。授受之别，老少之分。方脉所察，形势所明。来阳受阴，阳老而变。来阴受阳，阴老而变。以无入有，向实寻虚。斯为玄妙，幸审详之。

一落一穿，传变斯形，然五曜相传而不必拘于五曜，九星相变而不必拘于九星，何也？后龙来以授我，我将受之而去，其间不外阴阳老少二字而已故察其方脉，明其形势，如来龙授我以阳，我去必受之以阴。受之以阴者，有意要阴，以阳老而变阴也；来龙授我以阴，我去必受之以阳，受之以阳者，非有意要阳，以阴老而变阳也。阴阳相变如此，故遇原隰必求冈墩。以无而入有，见高山必觅平坦。向实而寻虚元妙之旨。其在斯乎！

【白话点拨】

五星相传而不必拘泥于五星，九星相变也不必拘泥于九星，这是为什么呢？因为，后龙来以授我，我将受之而去，其间不外乎阴阳老少二字罢了，所以，要察其脉线，明其形势。如果来龙授我以阳，我去必受之以阴；受之以阴的，不是有意要阴，因为阳老而变阴。来龙授我以阴，我去必受之以阳；受之以阳的，不是有意要阳，因为阴老而变阳。阴阳互相变化如此，玄妙奥旨都在这里。

九、形势

形势四局，顺逆斜横。横宜下臂，斜宣掬案，逆宜面朝，顺宜变顾，此其大概。若求精微，以神观形。形有状据，神无方名。取迹于外，以观乎内。生蛇渡水，啄木腾空。保谓生蛇？平中委曲。何谓啄木？高山起伏。脱一不然，不龙不育。

传变既形，形势可得审详，其局则有四也。如直来直去，名之说顺，顺必左右砂头紧照交顾。平冈横坐，名之说横。横必下臂关收，不见飞走。来龙直来而脉从侧落，名之说斜，斜则贴身案山，最喜湾环抱掬。来龙直来而入首回转，名之说逆，逆则收尽源水，最喜悠扬面朝。此乃大概。进求精微，从形观神，乃为至诀。山成形以藏乎气神因气而现于形。因形以察神，察神以求气。视平中委曲，如生蛇之渡水；观山高起伏，似啄木之腾空。推委曲相承，起伏叠见，神光耀日，精气始全，方可言龙，方可误人，何以发福?

【白话点拨】

风水看形势有四点。

1 如直来直去，称为顺，顺局必左右砂头紧照交顾。

2 如平冈横坐，称为横，横局必下臂关收，不见飞走。

3 来龙直来而脉从侧落，称为斜，斜局则贴身案山，最喜湾环抱掬。

4 来龙直来而入首回转，称为逆，逆局则收尽源水，最喜悠扬面朝。

但需要进一步求精求微，从细处看。应从形观精，实为至理真决。成形以藏气，神因气而现于形。因形以察神，察神以求气。

十、峦头

圆净为峦，偏侧为崖。壁立为岩。贱山冈，责峦头，弃岩崖，天峦之体也。有立、坐、卧、侧，峦之面也。有阴有阳，阳含阴生之兆，阴含阳生之妙，峦之形也。有五行，清则贵，浊则富，瘦弱则贫偏枯则贱，峦之势也。有昂头，有鞠躬，有斜体，有番身，有坠形。形坠穴枯，番身穴逆。体斜穴倚，鞠躬穴撞，昂头穴盖。

峦头者，即形势中之峦头也。丰圆光净为峦，偏倚斜侧崖也，壁立削为岩。大抵岩崖为侍从，峦头为龙神，一贵一贱于此分途。然峦有四体，卓立如冲天木则为立，端坐如大武金则为坐，横卧如天财土贝则为横，侧落如上龟流金，金脚转水则为侧。惟此四体之面，各有阴阳，其中阴以含阳，阳以含阴，始能化生。惟此四体之形，不外五行，其中清厚则富贵，瘦枯则贫贱，不可不别。惟此四体之势有四应，高峻昂头以就上聚者，穴则宜盖。有四应平和鞠躬以就中聚者，穴则宜撞。有四应低伏潜坠以就下聚者，穴则宜枯。有四应在内，番身以就祖宗者，穴则宜逆。有四体偏坐则斜而从左，四应偏言剜斜，而从右者，穴则宜倚。细心理会，曾、杨复见已。

【白话点拨】

峦头主要包括砂和水。砂是指穴场前后左右之山峰、突出物或丘阜。根据砂在穴场的不同位置，故有特定之称呼，以便于区别。砂主要的作用在于护龙，护穴与关水，使龙穴不受风吹，精血不使外泄，从而形成气势团聚，藏风聚气之风水宝地。水主要是包括山脉中流动的水。阴阳风水，一定要有山和有水，“未看山先看水，有山无水休葬地”，“山管人丁水管财”，还有：“水是龙之血脉”，“砂交水会，阴阳交合”，“水是山家血脉精，利人害人速如神”等等。可想而知水在地理上的重要地位了。从峦头的好坏来看风水的好坏。

审穴

一、原穴

水由阴盛，火由阳极，盛极杀也。木禀阳冲，金禀阴和，冲和生也。故穴金木，不穴水火。及其所自一以贯四，四象不备，能化育？须金木交，水火济，而后成穴。盖金窝金钳，即水即木。木牙水节，即金即火。惟土无位，变金木穴阳面扦突或乳角也，阴扦窝或口坦也。金木山星，各备阴阳，阳喻乾，乾生三女，散聚之。阴

喻坤，坤生三男，刚取乎柔。立卧坐侧，每分三停，四体六二十有四。

凡龙入首，非不可穴，而入首星辰有水、火、木、金、土，然水流湿，其性阴盛火，故其性阳，极过盛，过极杀气寓也。木向春荣，其性阴冲，金发光辉，其能阴和，一冲一和，生气萃已，见杀当避，故水火之穴少遇；生则理，故金木之穴多。然天地间二大局，止有水火济，金木交，故结穴虽有多寡之分，而金水木火四件究不相离。即如金星入首，非窝不可穴，非钳不成窝，然窝即为水钳即为木也。如木星入首，非芽不可穴，非首不生芽，然芽即为火，而节即为金也。至于土泊四方，虽无正位，而凡阳而扦突，其乳角，非阳土乎。阴面扦窝，其口坦，非阴土乎。合而观之，山体虽分五行，不外乎阴阳二气。故凡阳以生阴者，散聚乎聚也；阴以生阳者，刚取乎柔也。乾坤二卦无非刚柔聚散之旨耳。人惟理会此旨，以取立、卧、坐、侧之穴，二十四变俱可意会而得之。

二、穴总

鸡心心结，鱼胞胞安。蜂腰背上作，鹤膝节中观。逢串珠蹴来蹈去，遇淋头或东与西。割脚应居顶，垂乳要安头。蟹行眼中有力，犬眠胁内无凶。虾蟆背上半挨脑，牛子鼻中斜插管。灯火尾而斩焰，草头露而垂珠。鱼腮傍骨，牛舌亲尖。蟾宫留半脑，月晕凑一阴。天龙窟兮凑一阴而留一阳，天龙突兮凑一阳而留一阴。龙葬其唇，鹤安乎顶。鸦钳分处下，鹊口合中锥。掷竹节胞，葵叶同心。荷盘珠上，柳叶心单。泉涌大者为贵，花落小者为尊。孩儿脑顶，象鼻牙根。银槽金枧须丰，脑席帽箬立要坦。阳寿带动中最吉，合襟静处为奇。垂珠头上，覆杓脑边。一滴蟹眼须察，两股虾须要明。

布气者，龙也。承气者，穴也。穴法虽有种种名目，总借外形以取内气而已。如鸡心鱼胞，气在心与胞，所以说心结胞安。蜂腰鹤膝，气在背与节，所以说背上作。节中观逢串珠，气在相串处，故宜蹴来蹈去。遇淋头气傍两脚边，所以说或东与西。水割脚则气上凝，所以说应居顶，脉垂乳则气下注，所以说要安头。蟹行气在眼，所以说眼中有力。犬眠气在胁，所以说胁内无凶。虾蟆之背，生气在脑，所以说半挨脑。牛子鼻中，生气在管，所以说斜插管。灯火之气在火焰相接去，所以说斩焰。草头之气在露珠凝结中，所以说垂珠。鱼腮气骨牛舌，气在尖，故宜傍宜亲。蟾宫气在脑，月晕气在阴，故宜留宜凑。窟穴阳气胜，故凑阴而留阳。突穴阴气胜，故凑阳而留阴。龙气在唇。鹤气存顶故一葬唇一安顶。鸦钳气在分处，鹊口气在合中，故一分处下，一合中锥。竹气在节，葵气在阳，故言掷，故节瞻葵叶同心。荷盘气在珠，柳叶气在心，故言荷盘珠上、柳叶心中。万斛泉珠。气涌于大。所以说泉涌大者为贵。落地梅花。

气入于小，所以说落花小者为尊。孩儿气在脑顶，象鼻气在牙根银槽金丰则气，所以说须要丰。席帽箬笠阳里则气展所以说要坦。阳寿带气在中，故最吉。合襟气在静去，故为奇。垂珠气在头上，覆杓气在脑边。

总言之，凡作穴去虾须蟹眼，自有其天然者在也。

【白话点拨】

点穴自古以来都很难，《葬经》亦云三年寻龙十年点穴，古人点穴歌诀录下，诀曰：

山昂穴窄高处点，四面平和低处凹，砂局均匀中正作，旁宽旁紧穴当偏，岭上寻纵为最宜，四处低旷穴恐露．麓下留情窟藏好，左高立穴宜寻右，右高压穴宜寻左、前逼穴宜向后移。后逼穴宜趋前点，或近压而远眼，或内卸而外收，穴须高取而论周围，或远粗而近孵，或外窄而内宽，法须低藏而求窝聚四畔围弯，宜识穿弓架箭，众山粗杂，须知移步换形（盖言粗中求秀，杂中求清也）山水两佳局罕有，官禄两就法须知，山不如水之有情，禄当就则就之，水不如山之秀拱，官当迎则近之，来脉若天然，休贪朝穿而误转（此言贪朝失穴之病）进水如弓反，喜得砂蔽以深藏，众大一细，取其室女坐闺中而不露. 众细一特取其鹤立在鸡群而自奇，坐忌空不忌短，此系常理，岂可执朝翻身回结之局，山直来穴横受，多犯众忌，彼乌知脱龙就局之权，势逆砂顺，谁识离乡其取贵，水朝砂抱须知此地好救贫，诸脉乱出有跌断者是真龙，三山齐来望缩藏者可寻穴，山水之变态不一，咫尺之转换顿异，低视丑者忽焉高视美，左视妍者忽焉右视虐秀气在下点高则误，情意偏右扦右则亏，此是仙传真秘诀，明此点穴永无差。

三、穴纲领

来势柔缓，形止必昂，则穴盖。来势刚急，形止必坠，则穴粘。不急不缓，止必不昂不坠则穴撞。角来斜止则穴倚。曲来倒止则穴逆。迎逆来四顾止则穴骑。左来左止则穴左，右来右止则穴右，直来中止则穴正，阳散来、阴聚止则穴聚，阴聚来、阳散止则穴散。乘此诀窍，辨别阴阳，阳必阴受，阴必阳受。阳少阴少谓之生，阳老阴老谓之杀。弃老用少，是乘生气。

穴名虽多，诀在乘气，乘气之法，妙在详形。如龙柔缓，形止必昂，则气上聚，故穴盖。来龙刚急，形止必坠，则气下注，故穴粘。来龙不急不缓，形止亦不昂不坠，则气和平，故穴撞。脉从角来，形乃斜止，则气亦斜，故穴倚。脉从蓝来，形乃倒止，则气回转，故穴逆。后迎前逆而来，四顾山头皆止，则气龙龙峡，故穴骑。龙从左来，形止于左，则气在左，故穴左。龙从右来，形止于右，则气在右，故穴右。龙以中来，形乃中止，则气凝于中，故穴正。来龙纯阳入首，变阴而止，则气聚，故穴聚。来龙纯阳入首，变阳而止，则气聚故气散。究其总诀，不外阴阳变化之法，所以阳变阴是阴从阳来为少阴，阴变阳是阳从阴出为少阳，生机无穷。若一路冈峦并无一节起伏，是纯阴也，则为老阴。一片峦皮，并无一点泡突，是纯阳也，则为老阳。总是杀气。弃老阴、老阳，用少阴、少阳，方为善乘生气也。

四、五星

金星：遇金穴而居窝底，逢掬于乃穴怀中。抽脉斩颈，吐珠破脑。斜出挨颈，立穴低小。近脑安棺，高顽带火。开顶葬俯仰，侵阴辟腹藏。脚木三方三木，蟾宫一阴一阳。眉月梅梢，挂角金梭。柳叶穿心似馒头，可登百会如侧子，可卧一凹推车样。半俯半仰带火体，一动一静火脚。窝龟形穴天罡顶，脑上孤曜显门中。

木星：逢倒木而扦柳节，带峦金而斩曲枝。直立三停可穴，斜冲一肘堪裁。金断于肝胞之中，水泛于珠头之上。带火脚而开窝胞，叠上体以辟浪纹。平夷常自辟杀，硬直倒耳傍抽。交梢梢上折股节头。

水星：可喜者流珠串脑，最元者曲池傍骨。金体一阴，方作土头。曲脑挨扦，波纹求静。木脚穿阳串珠居，半脑火脚穴窝墩。扫荡裁其静处平波，的在阴中。左右仙宫扦食指，阴阳合谷。插天心下山蛇形，王字游丝，鳖状挨看。

火星：倒火粘穴脱杀，冲天百会乘峰。见金形一动一泡，生土腹三起三堆。出木脚相抽，向下带体火。制化堆中大旺，三窝最喜至弱。六泡相宜平夷，穿针穴上凹削。脱杀棺阳，旗形令字。枫叶又心灼铄，避嘴插剑离峰。摆燥中心最显，炼丹当顶必佳。

土星：横行腹内下，欹势角中安。俯者一阴为穴，仰者一阴伏棺。端正窝形，低心凹扦。上平下叫，诀居角边。带水连火，妙在心中。弓体弹珠为美，水脚金泡乃荣。倒土宜钳口藏金，爱水珠似

棋盘中宫。位上如缺角，边脉尖头犀。角流金生水，辅弼出水挨金。

扦穴之法，须者心得体会，然穴有宜高而古人反扦低者；穴有宜正，而古人反扦偏者，其心体不相符合，何也？《摘奇赋》说：二十四山若有煞，不出时决不发。二十四山有用神，用若真时穴也真。盖以每一星体入首，必有四山护从，而护从之中有煞，有神能用。杨救贫《天玉经》内所言挨星法，神则迎之，煞则避之，自合准绳。若拘守呆法，难免驳杂之病，则祸福相半已：故学者惟消详四势，理会性情，则天然之穴法自现神光，不必拘拘然于成规可。

五、论穴结法

太祖聚讲，气旺神凝。穴任天然，斯为正结。形势停驿，及为少结穴止龙腰者，中也。穴居水尾者，尽也．一线横落为闪，星之角出乃斜。老龙嫩乳其名坠，咽低平面其名仰。

凡龙之结穴，有初结者，有少结者，有中结者，有尽结者，如众星讲之下，诸峰朝顾，城郭周密，其气盛旺，其神凝聚，贝则穴法天然而为正结。若龙神涌腾形势暂停，如行路停驿者，然乃为小结。至于穴止龙腰者，中结也。穴居水口者，尽结也。然正结、少结、中结、尽结四者之中，有龙身正行而腰间一瞒者为闪脉。星辰正向而气从角上拖落者为斜脉。老龙变出嫩枝为之峰回低阳里而平为之仰结。法虽千变万化，总不外此闪、斜、坠、仰四者耳。

六、骑龙法

骑龙扦势，势正形止。傍斜耳受为倚贴脊腰受为横，直来曰倒转曰逆，峡气稍止为斩关形，穴未尽为斩官势。宣环顾，反背最

嫌。骑龙法有六种方法，每个方法又有六种变化。

凡点穴，骑龙之法在消详乎势，势若正时，穴形自正。如势宜傍斜，以耳受气则用倚以骑之。势宜贴脊，以腰受气则用横以骑之。正向直来则用顺以骑之身俺倒转则用逆以骑之。峡间神气稍止打夹紧照用斩开以骑之。

入首形穴未尽，余气前拖则用斩官以骑之。骑龙之法有六，总宜四势环顾开面有情，若稍有反背他顾之象，即为虚假，所最嫌者。每法六变，皆主此法。

七、论扦法

气隐扦葬，气浮扦厝，浮大扦基。纯阳纯阴，坛庙寺观。盖阴极而阳一呼也，气在外，外以乘之。阳极而阴一吸也，气在内内以受之。不呼不吸，孤阴孤阳，何乘受之有？

凡扦穴之法，如入首泡突属乎阴，则气弓引于于内，定开土深葬之。如入窝坦属乎阳，则气浮于外，止宜开土尺许，多用客土培堆以厝之，厝即浮葬也，非厝攒屋也。至若阴龙撒落平洋，则浮现日，大宜扦阳基，此皆阴阳互换者也。若纯阴不化，纯阳不变，则为坛庙寺观之地，何也？阴极而化阳，内气盛而呼出在外，则外以乘之，此扦厝扦基也。阳极而变阴，外气盛而叫内也，气在内则内以乘之，此扦葬也。纯阴则吸而不呼，纯阳则呼而不吸死气也。何以乘受之哉？

八、乘接法

金乘其顶，土穴其中，水相乎静，木印乎动。盖气从下浮者，阴泡金也季其气浮。阳坦土也，其气沉。气从后至者，脉直木也，其气吐。脉曲水也，其气吞。

阳坦金土木水中来之。如金乘其顶，取其光也。土穴其中取其藏也。水性动，有金泡处则静；木性静，有水折处则动。盖气从下浮见者，如阴泡之金，其气浮。

之土，其气沉。气从后而来者，如挺直之木，其气吐。曲折之水，其气气、气分吞、吐、浮、沉，而以盖、粘、倚、撞之法施之，则点穴自无毫发之差。

九、穴内证验

底盖眼界分明，坚腻润而泽，乃为真土。盖土者气之体，有土斯有气，气无形，土有迹，验迹于土，即知乎气。惟顽石穴开凿无土，旺方取土，法为并葬。假彼真土续此真气，又有浮穴，观形察色。不泥土迹，培土封葬。又有水穴，不论土石，惟在势止，此必仙葬，愚敢轻拟。

穴内的土以细腻、光润，没有水泽，这种地方龙气种萃，才有此土。气在土内，气没有形土。有迹，检验土迹之美就可知道气的旺相，这是常用的万法。但是又有穴多顽石，凿开后没有土，则取远处的坚腻客土填入石穴，用以廷续其真气这种客土以封冢堆就可以了，又有穴在水窝处。既没有厚土。又没有石底应填土把水排走之后，再堆成坟墓。自此以外，又有三种情况。一般的人都抛弃它，但是古人用它，都获得了大福。底盖分明之地。现今的人们都渴望羡慕用之，用了反而为凶，这是为什么呢？因为来龙结地总不外乎势止二字朝砂拱，垣局周密，势止于石，不得不凿石填土：势止于水。不得不排水填土世间的俗人看到这些，难免惊骇，就用别的方法规矩为准绳合山川融结之势，也只得其常法罢了。如果形势未止，冒昧扦穴，即使能得坚硬光腻的真土，扦石也会立见败绝。庸术不知势止二字徒以土色来诓骗世人，这种情况有很多很多，人们千万要提高警惕。

十、穴内作法

详形势，配五行，勿不及，勿太过。不及则培，太过则削。杂当旺，过克当制。封墓兜衿须合五星正体，高低阔狭须祖河图洛书。天地无全功，藉人力以补之。

形势既详，配以五行，故穴外左右不及处应培则培。太过处处应削则削以人力补天工也。若穴外注水，如乾亥双行，龙用乾气，财注阳水用亥气则注阴水，此驳杂当注也。如丙午边旺，龙用丙气则注亥水，用午气则注壬癸此过克当制也。如封墓兜衿土星入首，则作金堆，兜衿仍用方之类，合五星正体也。至于高低阔狭，虽祖河洛之数，然亦不可过拘，惟视形势之宜大宜小耳。

审　水

一、水原

水者气之子，有气斯有水。水聚气聚，水散气散。界其势者，一龙水也。有长短界其形者，二龙水也。有浅深界其气者，三龙水也。有明暗，明暗交而气钟，浅深会而形止，长短合而势极。形势不经，其气不萃。

龙神者，内气也。砂水者，外气也。穴地虽以内气为主，然外气善则内气因而为善，外气恶则内气变而亦为恶。砂气以静施，水气以动感，其吉凶祸福之验，俱有年月日时之可指。惜砂法不传于母，惟杨、曾、廖、赖、吴、刘诸仙，以及各授受之下名贤用之。水法明传于世，惜止传以水口。看龙左旋右转一法，而古仙河图，先后二天之旨，亦竟不传。即偶有传其书者，究无至要至简之法，此误人自误之多也。今即以水之形势言之，诸水宜聚皆不宜散：有自少祖下界送龙势者，大抵左水短则右水长以合之，右水短则左水长以合之，其界送龙势，所以说一龙水也。有自入首星下界分龙虎者，大抵左水浅则右水深以界之夕右水浅则左水深以界之，以其界分山形，所以说二龙水也。

至于穴场有虾须水，有蟹眼水，左明则右暗，右明则左暗，以其界穴气，所以说三龙水也。盖有明暗股水则气不涣而聚，山有浅深，界水则形，不行而止，局有长短合水则势蓄而不散。要而言之，形势得经，真气自然钟萃于内。若形势不经，天门闭，地户开，八风吹，即穴场有虾须，有蟹眼，土有五色，究亦何益之有？

气就分散。界其势的是一龙水，有长短界其形的是二龙水，有浅深界其气的是三龙水。有明有暗，明暗相交而气钟，浅深相会而形止，长短相合而势极。

形势不经，其气不荟萃。

所谓龙神，是指内气。所谓砂水，是指外气。穴地虽然以内为主，但外气良善美好，内气也因而会良善美好；外气恶则内气也会变为恶。砂气以静施，水气以动感，其吉凶祸福之征验，都有年月日时之可指。可惜砂法不传于母，只有杨、曾、廖、赖、吴、刘诸仙师，以及各授受名贤用之，水法明传于世，只可惜只传以水口。看龙左旋右转一种方法，而古仙河图、先天、后天之奥旨竟然不传。即使偶然有传其书的，最终也没有至要至简之法，这误人又自误的事情有很多很多。现今即以水之形势来讲述，诸水宜聚都不宜散有自少祖下界送龙势的，大抵左水短则右水长以相合，右水短则左水长以相合，其界送龙势，所以说一龙水。有自入首星下界分龙虎的，大抵左水浅则右水深以界之，右水浅则左水深以界之，以其界分山形，所以说二龙水：至于穴场有虾须水，有蟹眼水，左边明则右边暗，右边明则左边暗，以其界穴气，所以说三龙水。有明暗股水则气不涣散而聚集，水有浅深，界水则形不行而止，局有长短合水则势蓄而不散。简要来讲，形势得轻，真气自然钟荟于于内；如果形势不经天门闭，地户开，八风吹，即使穴场有虾须，有蟹眼有五色，又有什么益处呢？

二、明堂

阳虚则明，圆净则堂，故蟾翼初交气钟于虚，一明堂也。龙虎二交，形止于虚，二明堂也。外阳三交，势止于虚，三明堂也。顺则俱前，逆则左右，横则左右而前缺一，伪假完且福征。

古人言明堂如巨纸，明堂如锅底，乃为得之。然有三明堂，即所谓三阳者，是气钟于虚而蟾翼交，即以之作兜衿者为一。形止于虚而龙虎交即中明堂。古人言，明堂如卧侧者为二。势止于虚而外阳，外即大明堂。古人言，明堂容万马者为三。然此三阳有顺局，面层次见于前者有逆局，而大堂或左或右者有横局，而大堂或左或右或结案外之前者三阳备，福斯全已。

三、水口

一关截气，二关截形，三关截势。昂垂斜伏，细察金龙。顺逆向背，结可豫卜。形势昂头结盖，形势垂者结撞，伏者结粘，斜者结倚。仍于两交中处，土圭测其四墓，辰则龙穴金水，戌则龙穴木火，丑必金火，未必水木。能悟斯者，神其术乎！

有三明堂，即有三水口，有一水口即有一关截，皆所以遗敛真气蓄聚于内而不泄者也。然关截处当察形势，当格水库，盖穴所之顺逆向背于此预卜，如形势昂则知结盖穴，形截垂则知结撞穴，形势伏则知结粘穴，形势斜则知结倚穴，此察势而可知。格水库之法，在水路正中处格之，如格得水从辰口出，则知其中左旋水局龙，右旋金局龙，发福，反是则不吉。取辛壬会而聚辰也。格得水从辰口出，则知其中左旋水局龙，右旋木局龙，发福，反是则不吉。取乙丙向而趋戌也，格得未口从丑出，则知其中左旋金局龙，右旋火局龙，发福，反是则不吉。取艮午纳庚丁之气也，格得水口从未出，则知其中左旋水局龙，右旋木局龙，发福，反是则不吉。取金羊取癸甲之灵也，龙神所属则亥卯未会木局，而乾甲丁从之巳，说五会金局，而巽庚癸从之。寅午戌会火局，而艮丙辛从之。申子辰会水局，而坤壬乙从之。皆用双山，水性所属亦然。此《玉尺经》之旨也。然却有辰口出水而结火局，或水局右旋会局左旋者，卦发大福有所未解，如是用平分以凑之者，如未口酉龙则用癸酉入首之法。又有用穿山以凑之者，如辰口丙龙则用壬午穿山之法。又有用分金以凑之者，如戌口壬龙，则用丙子分金之法。俱逅于理，十有三验。但看山势及诚意伯、杜武林诸师，无所用之。

四、元辰

若论四元辰之水，外来为过客之外，纳元辰则以正五行而契三合，消客水则以正五行而并元空，二者为最，卦纳次之。来宜生旺，去必休囚。阳从左转，阴从右通。生入克入为进神，生出克出为退神。生旺进则吉，休囚退则凶。大小中神遇吉则吉，遇凶则凶。于宜详察，幸勿草草。

元辰水从龙神胁下来，乃真气所会。外客水从龙虎案外，客乃客气所邀。取元辰水以正五行立向，而取三合如亥卯未之类，取客水亦以正五行立向，而取元辰如乾坤卯午金同坐之类，二者为最，卦位纳音次之，故用三合法。生旺宜来，如阳火，生寅、旺午。休囚宜去，如阴火，死寅、墓丑。左旋为阳，右旋为阴，此三合法也。用元空法，生入克入之位为进神，喜来，如金向见土水为生入，火水为克入，生出克出之位为退神，喜去，如水向见水火为克出，见木水为生出，此元空法也。生旺宜来，休囚宜去，其中分大中小三神，以配孟仲季三房。乾坤艮巽寅申巳亥大神配，甲庚丙壬子午卯酉中神配仲，乙丁辛癸辰戌丑未小神配季。

审　砂

一、龙虎

真气之钟，抱护蝉翼，一龙虎也。止形之上，拱股股肱，二龙虎也。大势，之中，外阳环抱，三龙虎也。宜向不宜背。宜正不宜斜。

二、朝乐

朝宜翱舞，阳吉阴凶。乐宜端厚，陷贼专亲（专抱而形亲）。盖磊落面向者，阳也，故吉；蠢死斜背者，阴也，故凶。特来形抱，致福之由，低缺风吹招祸之门。

三、照应

远对穴者为照，近拱穴者为应。照应的则穴向真；照应不的，则穴向假。

然不在高低、大小、长短、方圆，惟在情向意专而已。

远照对穴者，朝也。近拱应穴者，案也。朝案为照应，情专意切，则向真而穴结。情不专，意不切，则向假而穴不结。故照应虽有大小、高低、长短、方圆之不同，总要真情向我，意念专顾而已。

四、官鬼

前说官，后说鬼。鬼宜死，官宜生。官死则气微，鬼生则气散。不在高低，不在长短，只须得鬼之美。

前说官，后说鬼，鬼死则气不分，宜生则气必旺。若官宜生而死则衰弱必我之气微也。鬼宜死而生必被劫，则我之气散也。然官鬼二星无论高低，长短，总要相称为主。

五、禽曜

水口傍生者，禽也。龙虎两边摆者，曜也。曜气宜扬，禽星宜异。禽异则贵，曜扬则显。

山据水口所以关内气也。金水火土俱要成形，如《铁弹子》注：天雄、人雄、地雄之类，若见成形禽星，内必有大地，所以说：禽星宜异，禽异则贵凡地势大则龙虎必多曜气，以其势大则气旺，气旺则砂飞扬，拥护于外而真穴一结山趟。不然则一山一水，小人所止者不讵能发大福，垂久远，所以说：曜气扬，曜扬则显也。

六、方位

山有三八，位只二四。二四重之，八卦斯是。一卦六爻，爻起浑天，子父财官，劫鬼位也。故子山高则子孙旺，父山峙则田宅广，财山耸则金帛盈，官山秀则文名显。劫凌贼甚，鬼欺伤重，更无生鬼，天机妙断。

时术只知纳水，虽不得河洛正理，然尚知道讲求，千虑犹有一得，诸砂之方位，茫然而不晓，生人杀人，全无趋避之思维。即八卦中看子父财官之法，徒谈之议论，而不能浑之峦显，甚可哀也。浑天仪例子明述于纳甲篇中，兹不赘译。然敝邑明时有张龙门仙师者，亲受仙传奇门，擅天下屡仕苏、松等处，扦发贵显。大地后行至交趾，而回其看子父财官之法，专用正五行，渊源本于会作怪，其法根于河图，以土为主。如上元甲子起于一白，则说土孙之运，以土生金，以生水也。中元甲子起于四绿，则说土祖之运，以木能生火，以生土也。下元甲子起于七赤，则说土子之运，以金为土所生也。以此卜世运之盛衰，定龙神之体旺，即《铁弹子》宇宙有大关会，气运为先之旨，此乃大学问，非上仙不知者也。其书俟后续刻详录之，以公于世，兹且以子父财官一端列之于左云。

曾文迪说：克我者官也，我克者财也，生我者父也，我生者子也，比和者兄弟也。自立穴处视之，官甲方土高过穴则富贵，低下则贫贱。妻财方土高过穴则妻美，奁赠多财帛裕，低下则不能。父母方土高过穴则父子和睦，低下则不和。兄弟方土高过穴则兄弟友好，否则相仇。五者之外，又有长生方土高过穴则无疾多寿，低下则游荡、色欲而多疾方。又承说六亲人丁看子孙之秀丽，田宅寿夭看父母之厚重，奴仆看兄弟之拱护，官职之大小看官贵之高低。

《地理四弹子》跋

余赋性偏拙，喜诚实，不喜浮燥虚假之人，以故交友往来，每落落难合。然涉世既少周旋，而于人情险阻处尤多，自反省而汗颜也，以为吾祖父忠厚之训，所凛凛也不敢盲近者，惟此类耳。甲寅年季夏，先君去世，终生之恨，痛不胜言，而所卜窀穸，向蒙马闲翁指示，未及营筑，季秋其令甥张九仪先生来游武林，览胜西麓，余得因朱姊老而晋接也。互相商订堪舆之事，述理气则本经传，辩峦头则详情，与闲翁所示，不爽毫厘，方悟向日，所闻诸术士者，殊皆庸劣鄙谈，与造化枢机茫无关切。今何幸得遇九仪翁，实乃我先灵妥佑，后胤蒙庥，想先君一生积善之所由致也，或因子以不欺之心待人，而得遇此不欺之术也。然子终究无自私之心，因念庸术误人，妄圣宗旨，自青田以来，几湮没不彰，爰莆先以《地学正义》附于《三弹子》之后，公世以救人，且不以轻泄为嫌，惟愿凡是我志同道合者，皆得以安先人，昌后嗣也，则能亲睹此书者，诚以《三弹子》所辩之峦头，折衷于《铅弹子》所述之理气，救己救人，庶两得之已。

康熙十四年乙卯季春海昌陈夷则（子奇）甫谨跋

附录：解开最神奇的催官天星风水

第一章　论玄空风水与赖派风水

清朝初叶，弘扬地学者，有二人焉，其一则蒋大鸿，其二则张九仪也。

蒋氏阐发明初宁波幕讲僧三元九运玄空风水之真理，张氏阐发宋代赖布衣拨砂及辅星水法要诀。两种学术流传至今，虽然各立门户，但对于地学理气影响之大，则无分轩轾。蒋氏语多诡秘，自谓其术得自无极子真传。张氏则谓其术得自其师方又承，又承得自焦仁山，传赖布衣之术，而作和盘托出。蒋氏之术，上溯易经六十四卦，又取河图洛书生成，合十之数，辅之以道书贪狼，巨门等九星，顺逆挨排，谓之挨星，又谓之玄空。张氏之术，亦上溯易经，然不用卦爻，而取天地定位，山泽通气，雷风相薄，水火不相射，八卦相错，又取河图洛书顺生逆克之数，纳甲三合之理，辅之以挨星砂法，辅星水法。其术蒋氏所传者分庭抗礼。可见风水的大道是相通的，所以也奉劝世人，不要以风水门派之见相争。有关风水派别，严格地说起来就是形势派和理气派。它们的理论也是彼此渗透、互相融通的，这正是万法归宗之意。所以，学习风水学要对门派间的精华兼收并蓄。既要精通理气派，也要吸收形势派的精髓。但由于风水学门派繁多，有用和无用驳杂其中，学习者一定要去伪存真，去粗取精，不要走入风水学的误区。

第二章　赖文俊为什么被称作“风水大侠赖布衣”

中国的风水史上，有一个传奇的人物，人称“风水大侠”，谁呢？赖文俊，赖布衣。

赖文俊，字太素，江西处州人，宋朝时曾在建阳当官，好相地之术，中国风水四大名家之一，与杨、曾、廖齐名，所著有《绍兴大地八铃》，《三十六经》《催官篇》等。唯《催官篇》传盛于世，此经乃赖布衣晚年所著，集赖派风水之精粹所在，是地理阴阳学术的一部经典文献，其龙、穴、砂、水秘法写到淋漓尽致，表露无遗，精通此经者，寻龙点穴断旧坟灵验如神，然而，赖氏风水秘法，易学难精，无师传授，一般难以自悟。赖文俊的一生相当有传奇性，他生于宋徽宗年间，九岁就高中秀才，后来曾经担任宋朝国师之职。由于遭到了秦桧的排挤，他不得已弃官云游，称自己为布衣子，于是世称他为“赖布衣”。

云游时，赖文俊遇上了一位堪舆师，于是他便一心学习寻龙点穴的功夫。他不仅学习了前人的理论，还创立了天星风水学，这套理论系统而完整，直到今天，他发明的“天星拨砂法”和“辅星水法”仍被广泛使用。他还创立了“人盘”，即在罗盘的“天盘”、“地盘”基础上，加入“人盘”，使罗盘上天地人三才齐备。赖文俊在理论和实践上都有超越前人的成就，遂成为理气派的一代宗师。学成风水之后，赖文俊凭着精湛的风水理论和技术游走天下，足迹几乎踏遍了中国。一路怜贫救苦，留下许多佳扦，凡其手笔无不富贵，为区别杨派“救贫”，故用“催官”，以醒世人耳目。留下的传世著作有《催官篇》，还留下留下了许多优美的传说，从而被世人称为“风水大侠赖布衣”。

第三章　神秘的催官天星风水简介

“上等先生观星斗，中等先生看水口，下等先生满山走”，这就讲了我们观星斗的天星派风水师是第一流的。

催官天星风水又称天星风水，是风水术中的一个分支，古代帝王贵族，对死后之事非常看重，生前享受到的待遇，死后也要继续拥有，不仅是这样，他们还认为天下兴亡，都发于龙脉，所以陵墓都要设置在风水宝地。雍正皇帝曾经将帝陵精辟地概述过，他说：“乾坤聚秀之区，阴阳汇合之所，龙穴砂水，无美不收，形势理气，诸吉咸备，山脉水法，条理详明，洵为上吉之壤”。

天星风水顾名思义，就是靠天上星斗的四季朝夕变化来看风水，现在流传下来的风水学，看吉凶是根据现在所存地理环境，和周围的事物来断定某处的风水吉凶程度的，继而判断阴阳宅。而天星风水学不管山川河流的千年变迁，都可以利用天星风水学方法将最好的穴位找到，这绝对不是仅凭山川外貌来看风水了，而是凭借天象来断定好风水。凡是上等风水穴位必定与天上的日、月、星、辰相呼应，以星云流转来定穴位，这是目前风水学术中最难掌握的一种风水学术。

普通风水是根据地脉的磁场来判断穴位的吉凶，而一个地方是否是人们所说的风水宝地，也是根据这个来辨别的。这其中也有地理五行的影响。天星风水的不同之处就是它把地球看成一个小我，放开眼界，把地球看成是太阳系里的一个星辰。不但地球自己的活动影响着地球上事物的沧桑变化，太阳系里其他星辰也通过对地球的影响，继而影响地球上的万物。比如太阳和月亮两个星辰就在我们风水和周易预测中有很大的应用。

那么简单的说就是，影响着风水和山川地理环境的变化不仅仅是人类自己本身，也并不完全是地球本身的运动轨迹，就整个太阳系而言还有更多的星辰在影响着地球。对地球产生影响的星辰有好有坏，古人给一些星辰命名的时候就已经注明哪些星辰是吉星，哪些星辰是凶星。学习天星风水要知道以下三点：

一、认识天性的基础知识。

要认识天体宇宙，一星多名，以防误认；要进行步天演算，计算行星会合周期和经星天角位置，如水木二星绕日，周天会合48次，就是风水理论中真正的48局。

二、认识天星的性情。

天体各天角经纬星神的性情研究，某个天角星神对人类能不能生存，或产生祸福，或管事时间和性质。七政行星使者加临某个天角，会产生风云变换，或灾害，或改变星神性情。例如，吉星无光，恒星闪动，木入宝瓶等等天象。

三、明白天星的应用。

天星风水学把三维空间融合一体，天时，地利，人和。在天时系统中，天有宇宙和谐规律，宇宙类似机器地轴对准北极不停运动，产生了天轮，天轮中产生年轮，月轮，日轮，时轮。天轮轮到某天角或某年某月某日某时到位，某星最有权威，得天时者荣昌，就是天时。地利，地得天之象成形。得天时，得地利，得人和，人就荣昌。

风水学（上应天星，下应山水，再应人命。）所以研究天星，地理环境及人命的命运，这三者缺一不可，所涉及的范围非常的广泛。天星是天上的星辰与地上的穴位是相互对应的，以定星术一眼就可以直接的判断出穴位的所在之处，无论外形如何变化，吉穴的位置是不变的。

第四章　天星风水与周易

《周易》系辞说：在天成象，在地成形，变化见矣。

天星风水（天星术）是千年周易精髓，是古代帝王将相用于巩固势利，扩张家业专用的风水术，亦称之为“帝王之术”。顾名思义，一般官员和百姓对此知之甚少。由于此为帝王所用，故有“父子虽亲，但不相传”之说。所以此术更鲜少为人知。风水乃是一门深奥的学问，理论基础首先是就建立在中国古天文学，它上应天星，中应人命，下应山水。天时说：取星光下临；地利说：地得天时，成形成象才为得地利；人和说：人在地之方位，以对天角之经纬，取星象光下临。因天地之相去，八万四千里，人之心肾相去，也八寸四分，对应人体之金木水火土（心肝脾肺肾），上应五天星元。经说：地无精气，以星光为精气；地无吉凶，以星气为吉凶。

人们通过观看天象，研究星辰变化，取其天地人对应的关系，凭借天象来推测祸福吉凶。例如：一日有二十四时，一年有二十四节气，而对应风水罗盘上有二十四山向，古人也就用天星来命名为：天皇、天罡、天官、天苑、天市、天厨、天槲、天汉、天垒、天辅，天厩、天鬼、天乙、少微、天汉、天关、天帝、南极、天马、天屏、太乙、太微。故二十四星对应天下山川地理，天星有美恶，我们取天光下临应与之对应，则地亦有吉凶矣。

真正风水学术（宅与主的、人、时、地），及宅主的命与运能否配合。风水学一部份是讲峦头形势，另一部份是讲方位理气，峦头形势是追求与人类发生关系的水土结构。如山川河汉形势或建筑结构，有那些地方及结构适合人居住的地方，有那些地理环境，对人类有物质条件，与精神方面相助益的东西。方位理气是追求时间和空间条件，跟据金、木、水、火、土、五行中（生、克、制、化、刑、冲、合、害）。二十四向方位的喜与忌，所造成的对人类影响的，就是地极磁波变化而取之为用的一种理数。

历代祖师寻龙点穴的时，都会运用到古天文学，天有宇宙星神，地有河川山岳，以天地之气，精钟为星。地星者，体生于地，精成于天，列星有时，各有所属。紫宫为皇极之居，太微为五帝之廷，明堂之房，大角有席，天市有座。苍龙连蜷于左，白虎猛据于右，朱雀翼于前，灵龟圈首于后，皇极立于中，我们爬山涉水，就是取其天、地、人三才之对应。天星化于各星神守护。在野象物，在朝象官，在人象事，天地人皆取于自然。

凡上龙佳穴，必与宇宙间日月星辰呼应，以星云流转来定穴的青乌之术，此乃风水学中最难掌握的风水。故学堪舆者，当从游累年，精思实体，而其学之所造亦深矣。雅浩求学，也当仿此，学得理论，努力实践，真所谓读圣贤书，行万里路。你精通天星的吉凶与排列，通过分野划分地域，运用土圭准确定位，就能精准地寻龙，点出穴位，这都需要扎实的天文和地理功底，这也就是为何历代国师都是精通天文历法，堪称天文学家之故也。

在古代出了好多杰出的风水代表人物，如东晋著名学者郭璞，字景纯，河东闻喜县人，既是文学家和训诂学家，又是道学术数天文堪舆大师以及游仙诗的祖师。

在郭璞所指导下修建的温州城就是一座象应星宿而设计的古

城。大家知道，风水常规基本是背山面水，但温州却背水面山，因郭璞相中的是九山如天上之北斗星座，合乎其古经所言："天分星宿，地列山川，气行于地，形丽于天"。"天有象，地有形，上下相须成一体"。故因地制宜，对温州城作了象天则天的风水规划，把城市设计成星宿的象征。这种体象天地的规划方法，不是一种简单的比拟和附会，而是古人对天、地、人之间某种同形同构关系的把握，是一种天地合德的风水操作大法，不是天星之道者不能这样做出来。

古来战乱频繁，又考虑军事防守，为适应战时的需要，解决城内人民的用水，郭璞在城内开凿廿八口井，象应廿八星宿。廿八宿乃天宫之舍，应四灵四时，为北斗运转所主宰，故凿井以策应之。郭公扦造温州，象则北斗，凿井以应廿八列星，连五行之山蓄五水之潭，人居与生态环境相协调，并兼顾军事安全，可谓横开宏基，福益千秋！在一千六百多年间几乎保持原貌，直到数十年前古城墙才被尽数拆除，实在是罕见的堪舆实例。

宋朝国师赖布衣，赖公天纵奇才，在古人基础上创立人盘，使风水之术更加完善，提升到另一个高峰。将日月五星、四大星垣、北斗九星、廿四天星、廿八星宿等整个星空体系贯通于龙穴砂水向中，有葬法、作法、破法、谋法、化法等等机秘。阴阳二宅均可施用，丁财贵寿信手拈来，成就不世之神术。赖公辞官行走江湖，怀医者之心，一路怜贫救苦，留下许多佳扦，凡其手笔无不富贵，为区别杨派"救贫"，故用"催官"，以醒世人耳目。传世著作有《催官篇》等。

第五章　天星催官风水体系概论

中国数千年历史，源远流长。我国五术"山，医、卜、命、相。”更可傲视世界各国。其中的（相）包括人相及地相。人相泛指面相与掌相。地相是阴宅山坟与阳宅家居，两者被世人统称为风水。此五术哲学中心思想是阴阳五行学说，它具有朴素的唯物论和自然的辨证思想。

世间上只有我国拥有这门独一无二的深奥的风水学。我国先贤所发明，其中经历了数千年之久，集实践和总结而成。地理之学，大致分为天星催官、三合、玄空三大派系。唯天星催官之学理起源，大概可推为宋代。大部份学者认为天星催官风水好学准验性强，堪舆界无不推崇研习，历代不乏传承高手。如宋之赖布衣、清之张九仪无不精于此道。特别是赖布衣所著之《催官篇》，道尽龙、穴、砂、水之无穷妙用，真可谓至善耳。至于张九仪先生之《地理四弹子》等著作，皆是地理中难得之佳作，其中记载了很多实战案例，更得天星催官风水家之正脉。

一、催官风水以龙穴为纲，砂水为目

催官风水应以龙穴为体，以砂水为用。正所谓纲举目张，务须分清楚，切不可混淆纲目。故以龙穴为主，砂水为从；龙穴为纲，砂水为目。龙穴倘若不成，砂水再好，总归无用。目前有好多书籍，多皆纲目混淆不清，身为风水师者不可不知也。更有为人寻龙点穴，但求远纲太祖，不以入首求穴，不知入首不美，祖宗虽美何益。

寻地捷径，我认为求穴必先观入首，入首既美，祖宗必美可知，所以必以入首数节为主，开面者真，不开面者假。若台屏帐盖成座，星辰护卫砂水重重真向有情者，必应富贵。牵连小面单砂单水拱高者，不过小康耳。看穴法不外幽贞，看砂之法不外情注二字。凡地必有一用神砂，抓住用神，分其主次，纲目自然分明。水自古风水家无不重之，故有求穴先求水之说。我认为此言不尽然，平洋论此则可，山地则失其真矣。岂不知山地干流，何来水之可求。所以山地八国紧锁，一案能遮百丑，内气自生。气者水之母，故有气必有水，有水必有穴。师者能善用此者，山地求穴无不发福。

二、催官天星风水以龙立向作催官

催官立向之法乃是以龙为主宰，其以入首束气之处，用罗经内盘格之下针。如震龙见庚，巽龙见辛，离龙见壬，坤龙见乙癸，兑龙见辛，乾龙见甲壬，坎龙见癸，艮见丙。以上八局归元水，即催官水也。此乃赖公口决，用之每多奇验，故当首重之。无地有局，亦主富秀。如果得龙神秀拨，再得砂拱水朝，力可催官，又为纳甲官砂。龙脉强大旺秀的，必出显官福贵长久。如果中等之局，亦主发科，人才两旺矣。然纳甲官砂又当论其卦爻，辨其官贵年命发福之期。所以人们常说：卦爻飞出是生龙，富贵永无穷。又云；出卦无官职。又云；一卦独行名专一，卦行三两皆为稀。此八卦飞爻大法，现代的人们知道的特别少，但是用此法极灵验。看飞爻之法地理家用法是：以入首一节之龙为本卦，看前后左右生旺之砂，以定发福之年命最确。如坎龙则以坎为本卦，初爻飞出兑，逢丁乾。二爻飞出震，逢庚乾皆发福。三爻飞出离，逢己壬二干，较庚丁力重。与本卦戊癸力均，以其为先天对待正配也。第四爻飞出为游魂，坤卦乙乾为力遂轻。若遇甲辛丙三命不能获福，以坎卦无乾巽艮三卦，故出卦之命何来官职也。

三、催官风水以地盘立向

催官风水立向用地盘。

古人云：

地盘立向正为诀，向若相兼非易论，
不与兼者与三七，即见灾殃来相侵，
阴差阳错皆天盘，时师立向多杀人。

上古时代，黄帝创制了指南针，当时并无天人二盘，只有正向，即地盘也，所以故立向当以地盘为主。然立向有可兼不可兼者，兼而利者，即戌乾壬子子癸兼，戌乾者，离纳戌，为阳，乾亦阳，实乃阴阳相见之道也。壬子子癸者，离纳壬，坎纳癸，离九坎一合十，又合水火既济格局。丑艮寅甲乙辰先，丑艮者，丑，兑之所纳为少女，艮山兑泽合山泽通气。寅甲者，离纳寅，乾纳甲乃先后天相见也。乙辰者，坤纳乙，坎纳辰，合净阳，又合先后天相见。巳丙丁未坤申合，巳丙者，兑纳巳为少女，艮纳丙为少男，乃合男女相见夫妇之道也。丁未者，兑纳丁净阴，震纳未净阴，震三兑七合十之道也。坤申者，坤居后天之坎，申居先天之坤，乃先后天相见也。庚酉原来是后天，庚酉者，震纳庚为三，兑酉也，为七，此合十之道也。

亦有不利者，辛戌乾亥亥壬家，辛戌者，巽纳于辛为长女，离纳于戌为中女，此二女同床孤阴不生也。乾亥者，乾为老父，震纳于亥为长男，此二男同居独阳不长也。亥壬者，震纳亥为阴，离纳壬为阳，此阴阳混杂之论也。丑癸艮寅怕虎牙，丑癸者，兑纳丑，坎纳癸，不合净阴净阳，数亦不合。艮寅者，纳甲八杀也。甲卯卯乙休相见，甲卯者，乾纳甲，卯震也，先天阴阳数皆混杂矣。卯乙者，纳甲八杀，不合先后天阴阳。辰巽巽巳莫逢他，辰巽者，辰阳巽阴，不合先后天阴阳，数亦同也。巽巳者，巽纳辛，兑纳巳，乃纳甲八杀，丁火克辛金，酉金克巽木也。丙午午丁双曜杀，丙午者，艮纳丙为阴，午离也，为阳，艮八离九，为阴阳混杂，数亦不合。午丁者，午即离，丁兑之所纳，为二女同居，非孤既寡也。未坤申庚乱如麻，未坤者，震纳于未，此乃未坤八杀矣。申庚者，亦是八杀，最毒。酉辛方上不宜动，酉辛者，酉即兑，辛即巽，巽怕鸡，故为八杀也。这些是天星催官风水立向之根本，非此则向难立也。故古人有云；立穴易，立向难，即从这里来。

四、催官风水净阴净阳之由来

黄石公说；“一阴一阳谓之道，一动一静谓之气，一往一来谓之运”。

河者，河图也。洛者，洛书也。河洛相加得数之奇者为阳，得数之偶者为净阴。夫天干加临则又必因纳甲方数，以证净阴净阳也。如河图之干，先天也，后天之离，共得七数，为奇，故乾为净阳，乾纳甲，甲亦属阳。先天之兑，后天之巽，共得八数，为偶，故兑净阴，兑纳丁巳丑，丁巳丑亦属阴先天之离，后天之震，共得九数，为奇，故离净阳，离纳壬寅戌，壬寅戌亦属阳。先天震位，即后天艮也，其数共得八，八为偶数，故为净阴，震纳庚亥未，庚亥未故属阴也。先天巽后天坤，共数得十也，为偶，巽故属阴。巽纳辛，辛亦阴也。先天坎后天之兑，其数得九，为奇，故坎属阳，坎纳癸辰申，癸申辰亦属阳也。先天艮位，后天乾也，共得八数，为偶，故艮属阴，艮纳丙，丙亦属阴也。先天坤，后天坎也，其数共得十一，为奇数，所以坤属阳，坤纳乙，乙亦属阳也。夫净阴净阳遵用先天而遗后天者，何也，乃先天为父，后天为母，子。

五、催官风水以净阴净阳为准则

夫人之所求者穴也，则祸福一当听于穴矣。而古仙云；有绝水，无绝穴。则穴可轻也，非也，盖必得穴而后可以得水也。然山之祸福迟，而水之应验速也。夫不知富贵贫贱在于水神，水神是山家血脉之精也。山主静水主动，故有迟速之应也。砂有吉凶，全在坐度以消之。水有吉凶，全在立向以消之。先哲以向消纳来去之水，向者，灾福之柄也。来去二水者，生死之门也。故行此道消砂纳水之功，大有作用。穴依龙以乘内气，向依水以乘外气。凡立外向，总依水而。阴水来立阴向，阳水来立阳向，故赖公有云；阴向流阴，家富量金，阳向流阳，家福永昌。切不可贪峰而失向，混淆向首之阴阳，则为阴阳相乘，祸咎满门论也。

六、催官风水以拨砂为重

古人云；不会消砂祸事如麻，不会纳水百事见鬼，故消砂纳水乃首重之功也。所以此道难明，非师不度。夫地理之道龙固为主砂，实为从砂若不收，则孤立无辅不成局也，可不收乎。况凶砂高峙，必主灾祸，无法消之，虽龙向尽美终非尽善也。然消纳之法以赖公砂诀为要。拨砂之法，全在二十八宿度上分别，各有所属。七政齐于虞帝，乃分日月金水木火土，故消砂以人盘为主，皆此法也。至于砂法，诀以坐山为主；以二十八宿为用，分奴旺杀泄生五种。以生我者为贪狼，为催官，主发科甲旺人丁，司财禄也。我生者为伤官，为泄气，即我生泄气渐飘零也。我见我者为兄弟，为旺神，主丁财富足。克我者为七杀，为杀砂，主盗贼人命也。拨砂全在此，生克制化皆在分金，当坐何度，所属何宿，拨吉则吉，拨凶则凶。其权操在于人，此所以为妙道也。

然理气既从星宿，峦头形体亦须明之。夫不知形中亦有理气，生见贪狼，翰苑之客，巨门高峙，台阁之臣。廉贞峰高者，官至宰辅。三台玉釜者，也应公卿。皇家侍御，必是太阳金水。武镇边僵，廉兼破禄。文曲水星，小贵亦皆驰名矣。旺见贪狼，文人科贡。家资厚重，巨门肥大。廉贞破禄，亦产威武。大武三台，财禄丰盈。余星但主丁财，本身强旺亦荣身矣。财作贪狼，官禄必厚。如作巨门，出人方正。余砂总是为财帛，家居吉利最和平。泄见贪狼，家徒四壁。如其龙弱，必主败绝苦零丁。巨门星照，生人愚浊。若无用神来救者，败绝堪虞。廉贞高灼，生人贫贱多画工。破禄星辰者，强徒乞丐。纵是太阳金水体，援砂不见亦难亲。杀见人丁主立损，纵是贪狼亦虚名。若得三方生旺助，亦出军徒盗杀人；余星俱主败绝。廉贞破禄，亡家勘悲。此拨砂之法，固以方位生克为主，然亦要参看形象，生旺得吉星则吉，泄杀得凶星越凶也。故形象方位互参乃善耳，如此则无偏弊也。

夫祸福年命之法，乃明吊冲暗生拱泄之道也。何为吊，申子与辰。何为冲，巳亥寅申。吊冲之法，吉凶同推。吊有冲处在，冲有吊法存。如乾山坐奎木狼度，辰峰高峙，属金也。亢金克奎木为杀，申年会辰，至戌月冲动辰峰，亢金杀到了，戌月岂不损人丁哉，此吊而冲也。又坐壬山丙向，坐危月火度，亥峰尖照，壁水度也。他来克我为杀，仲子焉不损人丁乎。寅月到了，寅亥相合，相穿相贯，寅箕水也，吊入长房，不损人丁都难矣。然巳年月冲起亥之壁水，亦生灾祸也。

拱杀拱泄者，诀云；子辰拱申虚拱杀，拱杀者损人丁。艮丙虚拱泄是因，拱泄者主病耗。富屋贫人者，皆因泄之故也。暗生之法何也，坐子兮辰地嶙峋，向丙兮艮峰来相侵。如子山坐危火，辰峰插戟于霄汉，亢金度也，我克为财，元吉。而申砂忽起，忽申年月损人口，为何。因为不知山子砂辰，申年月会成申子辰水局，克山火为杀也。故而子辰拱申为杀，岂有不损人丁哉。又壬山危火度，艮峰斗木高起，乃食神砂也。向丙峰艮，辛年月生病失财何也，此乃艮丙拱辛，辛土也。山火生辛土为泄，不生病失财反而怪也。然砂中又有初中末三关之分也，夫一山十五度，以每关五度而分之，然者中关力重，初末二关力轻矣。其用法者，如辛峰初关亲戌，则戌年月应之。末关亲酉，则酉年月应之。中关旺地，则辛年月应之。夫不知三关明健者，初关吉凶应于少年，中关应于中年，末关应于晚年也。唯看峦之法，则相其何关陡健明，何关逶迤偷过，何关粘联带起，遇吉以吉论，逢凶即以凶推之也。其轻重迟速俱在其中辨别，考验无数古坟，用此验吉凶无不如响，师者若能参破此窍，妙夺神功非虚。

七、催官风水以龙穴砂水为用

天星催风水以龙穴砂水为地理之用，然而四者之中，独以龙为首，何也。夫不知龙乃根本也，故寻龙相穴，苟有真龙必有真穴矣。结穴之处砂有抱，砂抱之处水有聚，如此乃是龙真穴的，而砂水随之矣。故而第一龙为重，吉凶祸福皆由此而焉生也。然砂水得天之气，人善承之则发福，人不能善承之则为祸也。地气动，则龙主之，天气动，砂水次之，实天施地承，夫唱妇随不易之理也。

以上诸条为赖文俊、张九仪两位先贤天星催官风水之大纲，精研之，就如同赖文俊、张九仪两先生之亲授，必可得此派之正旨。

第六章　催官天星本义

催官风水是中国最精确的风水体系，这一体系完全可以精确到何人、何年、何月、何日有何事，吉凶如何等等。用天星法研究催官风水，先要了解天星法的基本知识。所谓的天星法，就是将罗经的二十四个支干、八卦字与天上的星辰对应起来，来做风水。

清代风水家叶九升的《罗经指南拨雾集·天星》中是这样讲述的：天星者，从《青囊经》、《催官篇》而出，而赖公篇成二十四星，以加于盘者也。《青囊》云："天光下临，地德上载。"《精义》云："地无精气，以星光为精气。"故以天星占龙脉分贵贱也。

天星以四垣为贵：紫垣临亥，四辅临壬；天市垣临艮，少微垣临兑，旁照庚。太微垣临丙巳，旁照巽，此最贵之星也。次则南极星临丁而主寿，天乙星临辛而主文，司命星临庚而主武，皆为贵龙。至于四墓，乃魁罡牛鬼之乡，为天星之最下，龙脉之最贱也。

《地理人子须知·气布于地，二十四位所主天星之图》中以为："此天星下临之妙用也，盖星者，气之清而向上；地者，气之浊而下沉。故天分星宿，地列山川，气行在地中，形有形状表现在天上。经所谓"天有象，地有形，上下相须而成一体"者也。

一、最重要的罗经二十四方位天星

罗经二十四方位，各有天星主之，星吉则吉，星凶则凶。现根据此节文字来详列罗经二十四位所对应的天星名称与吉凶基本象义。

乾：配天厩星，又名节钺、名北极、名元阳、名阳机。

亥：配天皇星，紫微垣，又名天门。

壬：配天辅星，又名阴权。

坎：配天垒星，又名阳光、名太阴。

癸：配天汉星，又名阴光，名摇光，名北道。

丑：配天厨星，又名牛金、名牵牛。

艮：配天市垣阳枢星，又名天枢。

寅：配天培星，又名功曹。

卯：配阳衡星，又名天理，名天命、名廉贞。

甲：配天苑星，又名天统，又名阴机。

乙：配天官星，又名骑官。

辰：配天罡星，又名亢金。

巽：配太乙星，又名阳旋。

巳：配天屏星，又名天堂、名明堂、名赤蛇。

丙：配天贵星，又名太微、阴枢。

离：配天广星，又名阳权、名天马、名太阳、名游魂。

丁：配天柱星，又名南极，名寿星、名阴关。

未：配天常星，又名鬼金、名太常。

坤：配天钺星，又名阴玄、名玄戈、名老阴。

申：配天关星，又名传送。

庚：配天汉星，又名阴衡。

酉：配少微星，又名阳关

辛：配天乙星，又名阴旋。

戌：配天魁星，又名娄金、说鼓盆。

以上二十四位罗盘支干、卦字中所具有的天星意义，是用来判定龙脉性质、吉凶、砂水与立向之间关系的一根基本准绳。

二、决定祸福的天星三吉六秀说

催官风水中的三吉六秀说，就是对罗盘二十四字个中九个字赋于特殊之意义，以之为吉龙、吉砂、吉水、吉向的重要选择标准之一。

三吉：震、庚、亥、。

六秀：巽、辛、艮、丙、丁、兑；

对于三吉六秀的提法，是出于《催官篇·评阴龙》一文中，其云："丙配于艮，太微所照；辛配于巽，天乙之居；丁照于兑，五福之司，此六秀之所由称也。"又云："三吉震、庚、亥也，羽林骑官正临震位，而庚纳于震，又有武库之司，故六秀之应文之祟，间于庚震武之祟矣！"

《罗经解定·天星垣局》中以为："天皇在亥，上应紫微垣；天枢在艮，上应天市垣；天贵在丙，上应太微垣；阳剀在兑，上应少微垣，此四垣为天星之最贵者。又太乙映巽，天乙映辛，南极映丁，合艮丙兑为六秀。”

从上述说法中可以知道，风水中的三吉六秀位全是取应于天星之吉利，在天成象为星；在地成形为方位；天光下临，地德上载，上下感通而成一气，是以星有美恶，则地有吉凶，三吉六秀之美全在天星之映照而呈秀丽福寿。